लीडरशीप

देवदत्त पटनायक शिक्षासे मेडिकल डॉक्टर, पेशेसे नेतृत्व सलाहकार और रुचिसे गहरे पौराणिक कथाकार हैं। उन्होंने प्राचीन पुनीत कथाओं, उनके प्रतीकों एवं शास्त्रोक्त विधि-विधानों और उनकी आधुनिक जीवन में प्रासंगिकता पर खूब लिखा है और व्याख्यान दिए हैं। उन्होंने पंद्रहसे अधिक किताबें लिखी हैं जिनमें शामिल हैं: *7 Secrets of Hindu Calendar Art* (Westland), *Myth = Mithya : A Handbook of Hindu Mythology* (Penguin), *Book of Ram* (Penguin), *Jaya : An Illustrated Retelling of the Mahabharata* (Penguin).

अधिक जानकारी के लिए देखें : devdutta.com

लीडरशीप

देवदत्त पटनायक

अनुवाद
गंगाधर ढोबळे

Indus Source Books

लीडरशीप

पहिली आवृत्ती : मार्च २०१३
पुनर्मुद्रण : २०१६

प्रकाशक
इंडस् सोर्स बुक्स
पो.बॉ. ६१९४, मलबार हिल
मुंबई–४००००६, भारत
Email : info@indussource.com
Website : www.indussource.com

अनुवाद
गंगाधर ढोबले (९९३०८००४५३)

मुद्रक
प्रिंट हाऊस इंडिया प्रा. लि.
रबाळे, नवी मुंबई–४००७०१

संगणकीय अक्षरजुळणी
ऑलरिच एण्टरप्रायझेस
जी–८, सुमीत सदन
माहीम, मुंबई–४०००१६

ISBN : 978-81-88569-46-5

मूल्य : ₹ १६०

अनंत सत्य है, सनातन सत्य
कौन देख सकता है इसे?
वरुण, अपने हजारों नेत्रों से।
इंद्र, शतक नेत्रों से।
और मैं, मात्र दो नेत्रों से।

अनुक्रम

१

नेता बनना

महान भारतीय महाकाव्य महाभारत पर टिप्पणी करते समय लोग अक्सर द्रौपदी द्वारा उठाए गए सवाल की ओर इंगित करते हैं: ''जो व्यक्ति द्युत में हार चुका है क्या उसे अपनी पत्नी दाँव पर लगाने का अधिकार है?'' लेकिन बहुत कम लोग यह पूछते हैं कि, ''क्या राजा को अपना राज्य द्युत के दाँव पर लगाने का अधिकार है?'' पांडवों को, विशेष रूपसे युधिष्ठिर को राज्य दाँव पर लगाने का अधिकार कैसे मिल गया?'' राजा अपने राज्य का मालिक नहीं है; वह तो पालक है, संरक्षक है।

यदि राज्य दुधारू गाय है तो राजा उसका ग्वाला हुआ। हिंदू पौराणिक ग्रंथों में नेता का यही माडल

है। राजा राज्य की चिंता वहन करता है और राज्य उसका संवर्धन करता है। वह राज्य की रक्षा करता है और राज्य उसे संबल प्रदान करता है। ग्वाला गाय के बिना अस्तित्व में नहीं रह सकता और गाय ग्वाले के बिना सुरक्षित नहीं रह सकती। यह लाक्षणिक रिश्ता है। राजा की भूमिका का यह मूल तत्त्व है: गाय की रक्षा करना, और बछड़े देने के लिए सहायता देना, उसे गुणात्मक वृद्धि और उन्नति का अवसर देना और इस प्रक्रिया में और ग्वालों का सृजन करना। यही विकास है- गाय का विकास और ग्वाले का विकास।

महाभारत में इस पर काफी विवाद रहा है कि कौन राजा बने। राजा पद क्या वंशागत रिश्तेसे प्राप्त हो या फिर योग्यतासे? काफी विवाद, बहस और यहाँ तक कि पांडवों की हत्या के प्रयास जैसी हिंसा के बाद तय हुआ कि जमीन का बँटवारा हो। पांडवों को अविकसित जंगली इलाका खांडवप्रस्थ मिला, जबकि उनके चचेरे भाइयों- कौरवों- को सम्पन्न हस्तीनापुर नगर मिला। कृष्ण की सहायतासे पांडवोंने खांडवप्रस्थ को इंद्रप्रस्थ नामक एक महान नगर में तब्दील कर दिया। इससे मत्सर पैदा हो गया। कृष्ण की मददसे पांडव राजा बन गए। इसके बाद कृष्णने विदा ली और उनकी अनुपस्थिति में पांडवोंने राज्य द्युत के दाँव पर लगा दिया। इससे स्पष्ट है कि पांडवों में राजा बनने की कुवत थी, लेकिन राज्य सम्हालने की कुवत का अभाव था।

पांडवों को बारह साल बदहाली में वनवास और दूसरे राजा के राजभवन में सेवकों के रूप में रह कर एक साल का अज्ञातवास भोगना पड़ा, फिर भी कृष्णने इसमें हस्तक्षेप नहीं किया। इस अवधि में हर भाई को नम्रता और संयम के पाठ सीखने पड़े इसकी अनेक कहानियाँ हैं। एक कहानी यह है: पांडव एक तलैया पर पहुँचे। वहाँ एक सारस था। उसने आगाह किया कि जब तक उसके प्रश्नों का उत्तर नहीं दिया जाएगा तब तक कोई पानी नहीं पी सकेगा। सभी अधीर हो उठे थे, क्योंकि युधिष्ठिर को छोड़कर बाकी सब पानी पीते ही मरनेवाले थे। युधिष्ठिर शांत खड़े रहे, सवालों के जवाब दिए और इसके बाद उन्हें पानी पीने दिया गया। यह रवैये में आया बदलाव है। जिस व्यक्तिने बिना सोचेविचारे अपना राज्य द्युत के दाँव पर लगा दिया वह अब थमने और सोचने, अपने कदम पर पुनर्विचार करने और कोई कदम उठाने के पूर्व सद्विचार को स्वीकार के लिए तैयार हो गया। वह अचानक धैर्यवान और नीतिवान हो गया।

सारसने बाद में युधिष्ठिरसे कहा कि पानी पीने के बाद सब मरनेवाले हैं, केवल एक को जीवित किया जा सकेगा। युधिष्ठिरसे पूछा गया, किसे जीवित किया जाए इसका चयन करें। युधिष्ठिरने कहा, ''नकुल को बचाइये।'' सारसने फिर पूछा, ''क्यों नकुल जैसे कमजोर सौतेले भाई को बचा रहे हैं? आप भीम जैसे बलशाली या अर्जुन जैसे कुशल धनुर्धारी भाई को क्यों नहीं बचा रहे हैं?'' युधिष्ठिरने कहा, ''मेरे पिता की दो रानियाँ थीं। मैं पहली रानी कुंती का पुत्र हूँ और मैं तो बचा ही हूँ। दूसरी रानी माद्री का एक पुत्र भी बचना चाहिए।'' यहाँ हम युधिष्ठिर के रवैये में आए परिवर्तन को भाँप सकते हैं। सभी भाइयों में सबसे पहले नकुल को ही द्युत के दाँव पर लगाया गया था। इस तरह सौतेला भाई द्युत के मंडप में अकिंचन रहा, लेकिन संकट के समय सबसे ज्यादा महत्त्व उसे ही मिला। युधिष्ठिरने राज-धर्म का यह पाठ सीखा कि उनके सिर मुकुट इसलिए नहीं रखा गया कि वे महान हैं और उदार हैं। ताज इसलिए पहनाया गया कि वे अन्य के लिए जीते हैं, राज्य में सबसे अंतिम व्यक्ति

के लिए वे हैं, सहायता करने और असहाय की मदद करने के लिए वे हैं। अन्यथा, उनका राज्य जंगल ही कहलाता, जहाँ ताकतवर ही जिंदा रहता है। अन्यथा, एक चमकते सितारे के अलावा वे कुछ नहीं होते।

सर्वोच्च ईश्वर रूप ग्वाले कृष्णने महाभारत में सारथी की भूमिका निभाई। पूर्व जन्म के राम (रामायण में यह कथा आती है) की तरह वे मात्र राजा नहीं थे। यहाँ उन्होंने ग्वाले और सारथी की अति सामान्य भूमिका निभाई, लेकिन बने राजा गढ़नेवाले यानी किंगमेकर। वे जानते थे कि यह (वन को सम्पन्न राज्य में तब्दील करने का) मात्र कौशल नहीं है। यह हमारे रवैये पर निर्भर करता है। और, रवैया बदलने के लिए कभी-कभी संकटों के दौरसे गुजरना होता है जैसे कि तेरह साल का वनवास।

●●

२

दरबारी वचन

बाइबल में नाथन नामक ऐसे फरिश्ते की कहानी है जो अपने राजा डेविडसे एक गरीब आदमी के लिए न्याय माँगता है। इस गरीबसे एक अमीरने छल किया है। अमीर आदमीने एक मुसाफिर के भोजन के लिए अपने मेमनों के बजाय उस गरीब पडोसी का प्रिय मेमना हथिया लिया। शिकायत सुनने पर डेविड का परेशान होना स्वाभाविक था। डेविडने फैसला सुनाया कि उस अमीर आदमी को मौत के घाट उतारा जाए। यह फैसला सुनते ही नाथनने रहस्योद्घाटन किया कि उसकी कहानी का अमीर आदमी खुद राजा डेविड है, जिसकी अनेक रानियाँ हैं। वह गरीब पड़ोसी हितीते उरियाह है, जिसकी इकलौती पत्नी बाथशिबा के साथ राजा के नाजायज रिश्ते हैं।

इस दृष्टांत के जरिए नाथनने राजा को अपने चरित्र पर गौर करने की सीख दी। राजा को यह समझाया कि दूसरों के प्रति त्वरित न्याय करने और अपने मिथ्याचरित्र को अनदेखा करने का पाखंड त्यागें।

नाथनने राजा को सीधे-सीधे यह क्यों नहीं बताया कि उनके कार्य गलत हैं? क्या राजा उनकी बात सुनता? संभव है, वह इस अपराधसे इनकार करता, अथवा सीधे तौर पर माफी माँग लेता। ईश्वर का दूत होने के बावजूद वह राजा के दम्भ और क्रोध का भागी नहीं बनना चाहता था। इसलिए उसने दृष्टांत जैसी वैकल्पिक प्रणाली का इस्तेमाल कर इस संवेदनशील मुद्दे को उठाया।

राजा के साथ भिन्नता और चतुराई के साथ संवाद करने को संस्कृत में 'सभा-चातुर्य' कहते हैं। इसका शाब्दिक अर्थ है 'दरबार में चतुराई'। यदि दरबार में रहना है तो मंत्रियों या दरबारियों को अपनी चतुराई दिखानी पड़ती है और अपने काम कराने होते हैं। यह ऐसी अनिवार्यता है जो नेताओं के साथ काम करनेवालों के पास होनी चाहिए। यह ऐसी भी अनिवार्यता है जो वाकई नेतृत्व करने के इच्छुक नेताओं के पास भी होनी चाहिए।

इस कौशल की बुनियाद इस निरीक्षण में है कि लोग सच्चाईसे नाखुश रहते हैं, विशेष रूपसे तब जब वे गलत काम में उलझे दिखाई देते हैं या इसके उन पर विपरीत परिणाम होनेवाले होते हैं। जब उनसे पूछा जाए तब वे नकारात्मक प्रतिक्रिया देते हैं- क्रोधित होते हैं या खंडन कर देते हैं। वे रक्षात्मक पैंतरा लेते हैं या बात को ही नामंजूर कर देते हैं। इस तरह काम नहीं होता। इसके लिए रणनीतिक संवाद का कौशल होना चाहिए। सभा-चातुर्य होना चाहिए।

राठोडजीने बहुत पहले सभा-चातुर्य की कला अवगत कर ली। वह अपने मालिक श्री खिलाचंद को जानते हैं, जो बहुत तेजतर्रार हैं और कंगालीसे अमीरी में पहुँचे हैं। वह यह भी जानते हैं कि उनके मालिक पहाड़ जैसा दम्भ रखते हैं। वे गलती मानने या स्वीकार करने के लिए तैयार नहीं होते। यदि कोई गलती ध्यान में ला दी गई तो वे अपने अधिकार के तहत उसे उचित ठहराने की हर कोशिश करते हैं और अपनी बात पर अड़े रहते हैं। श्री खिलाचंद अपने एक चचेरे भाई को बहुत चाहते थे। उसकी सिफारिश लेकर एक उम्मीदवार उनके सामने हाजिर हुआ। उन्होंने आगापीछा न सोचकर उसे अपने ऑयल डिपो मेंसे एक में प्रबंधक के रूप में नियुक्त कर दिया।

उम्मीदवार किसी काम का नहीं था। वह कोई काम करता नहीं था। इससे कामकाज को सुचारू रूपसे चलाने में भारी दिक्कतें आने लगीं। लेकिन यह बात श्री खिलाचंद को बताने का कोई साहस नहीं कर पा रहा था। इसे बताने का अर्थ यह होता कि उम्मीदवार की क्षमताओं की जाँच किए बिना चचेरे भाई की सिफारिश पर नियुक्ति करने में उन्होंने मूर्खता की है। श्री खिलाचंद उन्हें कोई मूर्ख कहे यह बर्दाश्त नहीं कर सकते थे। अपने को सही बताने और अन्य के उन्हें मूर्ख समझने को गलत साबित करने के लिए क्रोध में शिकायत करनेवाले की छुट्टी ही कर देते, उम्मीदवार का वेतन बढ़ा देते या उसे प्रोन्नति दे देते। यह बड़ा अविवेकपूर्ण होता, लेकिन वे थे तो वैसे ही। राठोडजी इसे जानते थे और इसलिए समस्या को किस तरह पेश किया जाए इस पर डन्होंने काफी सोचविचार और मशक्कत की ताकि श्री खिलाचंद की नाराजी न झेलनी पड़े तथा मामला भी और न बिगड़े। न साँप मरे, न लाठी टूटे!

दूसरे दिन श्री खिलाचंद और राठोडजी की श्री खिलाचंद के प्रतिद्वंद्वी श्री मथियास के बारे में लम्बी बातचीत हुई। बात-बात में राठोडजीने श्री खिलाचंद को बताया कि, श्री मथियासने अपनी बहन की सिफारिश पर किस तरह गलत उम्मीदवार के चयन की मूर्खता की और उसके मातहत कर्मचारी किस तरह असंतुष्ट हैं और वे उस फर्म को छोड़कर किस तरह अपनी फर्म में आ रहे हैं। वहाँसे रवाना होते समय राठोडजीने श्री खिलाचंद को एक फाइल सौंपी, जिसमें परिचालन सक्षमता के बारे में ताजा आँकड़े दिए गए थे।

अगले दिन श्री खिलाचंदने टिप्पणी की, ''मुझे लगता है कि अपने मुख्यालय में काम के लिए नया कर्मचारी रखा जाए। आप क्या सोचते हैं?'' राठोडजीने सहमति व्यक्त की। सभा-चातुर्यने चमत्कार कर दिया। किसी का नुकसान नहीं हुआ। सभी पक्षों की प्रतिष्ठा भी बनी रही। लाभप्रद निर्णय किया गया और सब ठीक-ठाक हो गया।

●●

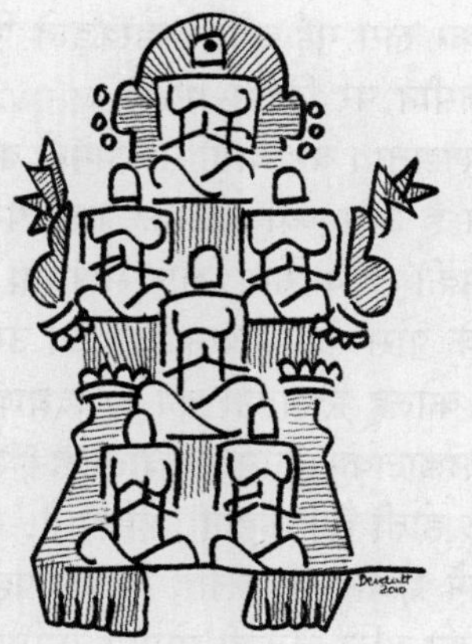

३

सपनेबाज और अमलबाज

भारतीय लोक कथाओं में चार चरित्र आते हैं। एक है शेखचिल्ली, दूसरा है गंगू तेली, तीसरा है मिट्टी का माधो (कुछ गोबर गणेश भी कहते हैं) और चौथा हैं राजा भोज। हमारे संगठन में भी इसी किस्म के लोग होते हैं। ये चरित्र उनके प्रतीक हैं।

शेखचिल्ली हमेशा सपने देखा करता है यानी सपनेबाज है। एक दिन उसके मालिकने उसे दूधसे भरा घड़ा दिया। उसने इस दूधसे छेना बनाने, बाद में उसे मथकर मक्खन निकालने और उसे बेचकर पैसा कमाने, उस पैसेसे फिर दूध खरीदने तथा उससे और अधिक मक्खन पाने की कल्पना की। उसने इतना अधिक मक्खन बनाने और बेचने की सोची कि उसे फिर काम ही न करना पड़े। वह सपने संजोने

में इतना खोया कि, राह चलते ठोकर लग गई और लड़खड़ाते गिर गया। उसके हाथ का घड़ा नीचे गिर कर टूट गया और सारा दूध जमीन पर बिखर गया।

गंगू तेली कभी सपनों में नहीं उलझता। वह बातों पर अमल करना चाहता है, यानी है अमलबाज। वह अपने को 'व्यावहारिक' कहता है और व्यावहारिक बातों पर अपना ध्यान केंद्रित करता है जैसे कि लक्ष्य का ध्यान रखना एवं उसकी उपयोगिता और सक्षमता को नापते रहना। दुनिया इसी तरह चलती है। सपनेबाजों के लिए उसके पास कोई स्थान नहीं है। उसके तेली नामसे ही स्पष्ट है कि वह तेल निकालनेवाला है। जिस तरह कोल्हू तिलहनों को दबादबाकर तेल निकालता है उसी तरह गंगू तेली भी अपनी टीम पर दबाव डालडालकर काम करवाता है। उसका कहना है कि सपने गाजर की तरह होते हैं और छड़ियाँ वास्तविक होती हैं। कहानी कहती है, जब राजा के पहाड़ी किले की दीवार ठहर ही नहीं रही थी तब ज्योतिषीने राजा को सलाह दी कि पहाड़ी देवता को प्रसन्न करने के लिए किसी महिला और उसके नवजात की बलि चढ़ानी होगी। संयोगसे जिस व्यक्ति की पत्नी और बच्चा बलि के लिए उपलब्ध था वह स्वयं गंगू तेली ही था। यह पता नहीं कि वह इसके लिए स्वेच्छासे तैयार हुआ या मजबूरी में। वह जानता है कि वह अग्रिम मोर्चे का योद्धा है। जब संकट की घड़ी हो तब उसे ही अंतिम बलिदान के लिए पुकारा जाएगा। जैसे ही वह बाजार में खड़ा होता है उसके साथ आया बछड़ा भी खड़ा हो जाता है। इस तरह फौरी हिसाबसे वह सबसे मूल्यवान है। उसे पता है कि आत्मप्रौढ़ी के कारण उसे भुगतना भी पड़ता है।

मिट्टी का माधो (कुछ लोग उसे गोबर गणेश भी कहते हैं) शेखचिल्ली जैसा सपनेबाज नहीं है, न गंगू तेली जैसा अमलबाज। वह मिट्टी के लोंदे की तरह है। स्वयं में वह कुछ नहीं है। वह आपके दल का प्रतिक्रियात्मक सदस्य है अर्थात वह ऐसी चीजें करता है जिनसे आप खुश हों। वह अपना कोई दिमाग नहीं लगाता, न अपनी कोई राय रखता है।

अब हम राजा भोज की ओर मुड़ते हैं। वे आदर्श नेता हैं। सपने भी देखते हैं और उन्हें लागू भी करते हैं। यदि सपनेबाजों और अमलबाजों का २ x २ का साँचा बनाया जाए तो राजा भोज चौखट के दायीं ओर सबसे ऊपर होंगे और मिट्टी का माधो चौखट के बायीं ओर सबसे नीचे होगा। राजा भोज जानता है, कब सपने देखना है और कब उन्हें अमली जामा पहनाना है।

श्री पायनी यह जानकर भौचक रह गए कि जब बाजार में मंदी आई तब उनके संगठन में गंगू तेलियों और मिट्टी के माधवों की भरमार थी। उन्हें अपनी गलती स्वीकार करनी पड़ी। छह साल तक तो अच्छा काम चला। वे तांबे के जिन पाइपों का उत्पादन करते थे उनकी बाजार में आपूर्ति के मुकाबले माँग ज्यादा थी। उन्होंने ऐसे अधिकारी नियुक्त किए जो चतुराईसे काम करें और अपना माल बेचें। उन्होंने अपने मानव संसाधन (एचआर) विभाग को बताया, 'उन्हें सपनेबाज नहीं चाहिए। काम करनेवाले, अमल करनेवाले चाहिए।' श्री पायनी को सपनेबाजों का अनुभव है। ऐसे लोग दिनभर बैठेठाले रहते हैं, योजनाएँ बनाबनाकर दिखाते रहते हैं, वातानुकूलित कमरोंसे कभी बाहर नहीं आते और बाजार की कल्पना कर लेते हैं। उन्हें मोटी तनख्वाहें देनी होती हैं और उनका ऐसा कोई काम दिखाई नहीं देता जिसे नापा जा सके या लागू किया जा सके। यह तो समय की बर्बादी है। उनका कहना है, ''यह सब रणनीतिक मूर्खता अन्य कम्पनियों के लिए ठीक होगी। मेरी कम्पनी के लिए

नहीं।'' अतः उन्होंने ऐसा संगठनात्मक ढाँचा बनाया जिसमें लक्ष्य पर ही सारा ध्यान केंद्रित रखा जा सकें और उसे नापा भी जा सकें। इस ढाँचे में सृजन के लिए कोई अवसर नहीं था। उनका कहना था, ''प्रतिस्पर्धी जो कुछ करता है उसकी नकल भर कर लो। स्वयं विचार करने में समय की बर्बादी क्यों करें?'' लम्बे समय तक ये बातें उनके पक्ष में रहीं। हर तिमाही में वृद्धि ही वृद्धि होती चली गई। बड़े कार्यालय, अधिक लोग, ज्यादा बिक्री और अधिक मुनाफा! इसके बाद मंदी आ धमकी।

सारे कारोबार में अचानक गिरावट दर्ज होने लगी। किसी को तांबे के पाइप नहीं चाहिए थे। जो बेचे गए वे पाइप भी वापस आने लगे। भुगतान आना रुक गया। सेल्समेन निराश हो गए। हर शख्स उदासी में कंधे उचका देता था और सिर झुका लेता था। श्री पायनीने अपनी चहुँओर गौर किया और जाना कि नकल करने लायक ऐसी कोई कल्पना नहीं बची है कि वे इस संकटसे उबर जाए। हर व्यक्ति एक ही तरहसे त्रस्त था। लगभग हर व्यक्ति। श्री राऊत की एक छोटी कम्पनी थी, जो तुलनात्मक दृष्टिसे अच्छा काम कर रही थी। उनके सेल्समेन शिकायत नहीं कर रहे थे और उनकी टीम में किसी को नौकरी जाने का भय भी नहीं था। श्री पायनीने श्री राऊतसे मुलाकात की। श्री राऊत अपनी सफलता का राज बताने में हिचक भी नहीं रहे थे। उन्होंने कहा, ''सब कुछ ठीक चल रहा था, तभी मुझे लगा कि ऐसी स्थिति हमेशा नहीं रहेगी। आज तो ठीक है लेकिन कल जब विपरीत स्थिति आएगी तब क्या करेंगे? हर उछाल के बाद गिरावट तो आनी ही है। इसलिए मैंने एक छोटा दल गठित किया जो तांबे के पाइपों की माँग घटने पर उत्पन्न होनेवाली संभावित स्थिति के बारे में सोचें। यह सोचें कि उस स्थिति में हम कैसे बचे रहेंगे? इस दलने कई सुझाव पेश किए और उन पर प्रत्यक्ष प्रयोग करने के लिए मुनाफे का कुछ हिस्सा खर्च किया गया। ज्यादातर सुझाव काम के नहीं निकले। लेकिन इनमेंसे दो सुझाव उपयोगी साबित हुए जो संकट की घड़ी में काम आ सकते थे।''

श्री पायनीने जाना कि श्री राऊत तो राजा भोज निकले जिन्होंने शेखचिल्लियों की टीम बनाई थी। दोनोंने मिलकर उछाल के दौरान ही गिरावट की कल्पना की। इससे वे गिरावट की हालत में भी अपने को सुरक्षित बचा पाए। लेकिन वे ऐसा ही करते तो भी राजा भोज नहीं होते। उन्होंने गंगू तेली होने में गर्व अनुभव किया। किला अब ढह चुका है, समय आ गया है कि वे अपनी सभी प्रिय वस्तुओं का बलिदान कर दें।

●●

४

चिंतातुर दिमाग

कुछ हफ्ते पहले मालिकने एक अक्षम कर्मचारी को बर्खास्त करने के लिए जेकबसे कहा। यह कर्मचारी दो साल पहले फर्म में आया था। जेकब जानता था कि यह फैसला सर्वथा उचित है: बार-बार चेतावनियों के बावजूद यह सज्जन नहीं सुधरा, वह दफ्तर में अक्सर विलम्बसे आता रहा, बहानें बनाता रहा, काम आधा छोड़कर चला जाता रहा, कभी नहीं माना कि यह कोई समस्या भी है जिसका समाधान खोजना चाहिए। क्या इसके लिए उसे बर्खास्त किया जाए? क्या और कोई विकल्प नहीं हो सकता? मालिकने कहा, ''यह फैसला काफी सोचविचार के बाद किया गया है। अब यह रद्द नहीं हो सकता। मैं केवल इतना चाहता हूँ कि आप इसकी सूचना उसे दे दें।''

जेकब का प्रश्न था, ''मैं ही क्यों?'' इसका कोई जवाब नहीं दिया गया। जेकब को यह काम करना ही था।

जेकब को पहली बार इस तरह का सबसे कष्टप्रद काम करना पड़ रहा था। जब उसे विभाग प्रमुख बनाया गया तब यह नहीं बताया गया था कि लोगों को बर्खास्त करना भी उसके कार्य का एक हिस्सा होगा। अचानक उसे लगा कि यह नौकरी उसकी उम्मीद के अनुरूप किसी तरह लुभावनी या प्रेरक नहीं है। अब उसे मुहावरा याद आया, ''ताज पहना सिर भारीभरकम होता है।'' रातें उसकी दुश्मन हो गईं। उसे बार-बार रोता-चीखता वह आदमी दिखाई देता जिसे यह बताया गया कि उसे बर्खास्त कर दिया गया है, सात दिन के अंदर उसे समेटना है, दो माह का वेतन दिया जा रहा है ताकि अगली नौकरी खोजने की अवधि में उसकी सहायता हो सके। जेकब को एक और मौका देने जैसी करुणामय गुहारों को पथरीला चेहरा बनाकर सुनना होगा। यह तो बहुत भीषण था। इस संकट में डालने के लिए उसे मालिक पर गुस्सा भी आया।

जेकब को अब और अन्य करने के लिए कहा गया। उसे एक ऐसा कनिष्ठ कर्मचारी दिया गया जो लगभग आठ माह पहले ही आया था और दूसरे प्रबंधकने उसे पूरी तरह नाकारा करार दिया था। मालिकने कहा, ''मैं इस लड़के को दो माह के लिए आपके पास भेजता हूँ ताकि वह सक्षम हो जाए।'' जेकबने पूछा, ''हम उसे निकाल क्यों नहीं देते?'' कोई जवाब नहीं दिया गया। उसे उस पर अमल भर करना था।

जेकब को नहीं लगता था कि यह उसके बूते की बात है। लेकिन किसी को बर्खास्त करना भी तो उसके बूते की बात नहीं थी। उसने यह काम करने का साहस जुटा लिया। इस समय उसको पूर्व की अपेक्षा एकदम विपरीत काम करने के लिए कहा गया था। किसी कर्मचारी का रोजगार बचाने, उसमें क्षमता विकसित करने के लिए कहा गया था। क्या वह ऐसा कर पाएगा? जेकब की अंतरात्माने कहा, वह ऐसा कर सकता है।

जेकब का मालिक वही कर रहा था, जो रामायण में ऋषि विश्वामित्रने राम के साथ किया। राम की ऋषि वशिष्ठ के पास शिक्षा पूरी होने के बाद विश्वामित्र दशरथ के दरबार में पहुँचे और राम को उनके साथ वन में भेजने के लिए कहा ताकि उनके आश्रमों को राक्षसोंसे बचाया जाए। दशरथने कहा, ''राम अभी बालक हैं, उसके बदले हमारी सेना ले जाइये।'' विश्वामित्र क्रोधित हुए और कहा, ''नहीं, मुझे राम चाहिए।'' अंत में भारी अनिच्छासे दशरथने राम को जाने दिया।

वन में विश्वामित्रने सबसे पहले राम को ताड़का नामक राक्षसी का वध करने के लिए कहा। रामने कहा, ''वह महिला है। महिला पर शस्त्र न उठाने की उन्हें शिक्षा दी गई है।'' विश्वामित्रने राम की बात नहीं सुनी। ताड़का भले महिला हो लेकिन वे आश्रमों की शांति को भंग करती है, चेतावनियों को नहीं मानती; इसलिए उसका वध किया जाना चाहिए। राम को तब शिक्षा मिली कि नियमों को प्रसंगों के अनुरूप किस तरह मोड़ देना होता है। रामने धनुष्य पर तीर चढ़ाया, प्रत्यंचा खिंची और ताड़का को मार गिराया।

बाद में विश्वामित्र राम को गौतम ऋषि के आश्रम में ले गए। वहाँ राम को एक शिला दिखाई गई। विश्वामित्रने कहा, गौतम ऋषि की पत्नी अहिल्या यहाँ शिला बनी पड़ी है। अहिल्या गौतम ऋषि

के शाप के कारण प्रस्तर बनी है। गौतम ऋषिने उसे परपुरुष अर्थात देवों के राजा इंद्र के आगोश में पाया और उसे शिला बनने का शाप दे दिया। विश्वामित्रने रामसे कहा कि अपना पैर छुआकर अहिल्या का उद्धार कर दें। रामने ऐसा ही किया और पत्थरसे अहिल्या जीवित हो उठी, उसके सारे पाप नष्ट हो गए और वह स्वर्गारोहण कर गई। राम को शिक्षा मिली कि किस समय प्रहार करना चाहिए और किस समय क्षमादान करना चाहिए।

ताड़का वध और अहिल्या उद्धार दोनों एकदम विपरीत प्रसंग हैं। एक में निर्दयता है और दूसरे में दयालुता। एक में मौत है, दूसरे में जीवन। इस तरह वशिष्ठसे सैद्धांतिक शिक्षा पाने के बाद इन दो प्रसंगोंसे राम की प्रात्यक्षिक शिक्षा पूरी हुई।नेता के रूप दो परस्पर विरोधी भूमिकाएँ निभाने के बाद विश्वामित्रने राम जैसे लड़के को ऐसे पुरुष में परिवर्तित करा दिया, जो नेतृत्व की जिम्मेदारी सम्हालने के लिए, जो विवाह और राज्यपद सम्हालने के लिए तैयार हो चुका है।

राम की शिक्षा की कहानी बताती है कि नेता किस तरह बनाए जाते हैं। इसमें नेता के इस अधिकार के प्रति ध्यान आकर्षित किया गया है कि, किस समय जीवन को नष्ट करने के लिए और किस समय जीवन को बचाने के लिए उसका उपयोग किया जाए। इससे स्पष्ट होता है कि राजा को किस समय कठोर होना चाहिए और किस समय दयालु होना चाहिए। यह कक्षा में नहीं पढ़ाया जा सकता; व्यक्ति को उसका अनुभव कराना होता है। इसी कारण विश्वामित्र दशरथ के दरबार में आ धमके और राम को जबरन अपने साथ वन में ले गए।

याद रहे कि विश्वामित्र सामान्य ऋषि नहीं थे। वशिष्ठ जन्मजात ऋषि थे, लेकिन विश्वामित्र तो किसी समय राजा थे और कठोर तपस्यासे ऋषि बने थे। इसलिए विश्वामित्र जानते थे कि, राजा को कौनसे कर्तव्य निभाने पड़ते हैं और किन स्थितियोंसे गुजरना होता है। वशिष्ठ इसीलिए राम की शिक्षा पूरी कराना चाहते और फलस्वरूप उन्होंने विश्वामित्र को नहीं रोका।

जेकब का मालिक उसे नेतृत्व के पाठ पढ़ा रहा था। मालिक उस कर्मचारी को खुद बर्खास्त कर सकता था; क्योंकि वैसा फैसला वह पहले ही कर चुका था। कार्पोरेट क्षेत्र में सबसे अधिक कष्टप्रद काम को जेकब को करने के लिए कहकर मालिक जेकब को वरिष्ठ स्तर के निर्देशों के प्रति संवेदनशील बनाना चाहते थे। नेतृत्व केवल अधिकार और वेतन की ही बात नहीं है; यह समय के साथ खड़े होने और जिम्मेदारी उठाने का भी अंग है। बॉस होने का मतलब लोगों को बर्खास्त करने का अधिकार पाना ही नहीं है; वह विकास के कौशल को विकसित करने में सहायता करने और लोगों को बनाए रखने का भी काम है। इसलिए अन्य प्रबंधकों द्वारा नाकारा घोषित किए गए कनिष्ठ कर्मचारी को सुधारने के लिए जेकब के हवाले किया गया।

यहाँ जेकब के लिए जीवन बचाने का अवसर था। क्या जेकबने ऐसा किया? यदि वह ऐसा करता है तो जेकब का बॉस समझेगा कि जेकब में बुद्धिचातुर्य है, जिसे संगठन में रखकर नेतृत्व की भूमिका अदा करने का मौका देना होगा। यदि वह ऐसा नहीं कर सका तो जेकब का बॉस समझेगा कि सर्वोच्च पद की उम्मीद लगाने के लिए जेकब को काफी मशक्कत करनी होगी।

५

जीतो, या सही रहो

एक ज्ञानी मुनि एक सँकरी पुलिया पर आधी दूरी तक आ चुका था कि, सामनेसे बलवान राजा आता दिखाई दिया। शक्ति मुनिने राजासे कहा, ''पीछे लौट जाइये; ताकि मैं पुलिया पार कर सकूँ।''

''नहीं'', राजा दहाड़ा, ''आप पीछे चले जाइये; ताकि मैं पुलियासे निकल सकूँ।''

''लेकिन, मैं पुलिया पर पहले आया।''

''हाँ, लेकिन मैं आपको पीछे धकेल सकता हूँ।''

''यह उचित नहीं है'', मुनिने कहा, ''सुनिये जरा, मैं गुरू हूँ, ब्राह्मण हूँ, और तो और

इस धरती का सबसे माना हुआ दार्शनिक हूँ। इसलिए मुझे सबसे पहले पुलिया पार करने दी जाए।''

राजाने उपहासात्मक स्वर में कहा, ''आप उस स्कूल में पढ़ाते हैं जो मैंने बनाया है, आपके कर्मकाण्डों के लिए मैं धन देता हूँ। मैं यदि संरक्षक नहीं रहूँ तो आप दार्शनिक भी बने नहीं रह सकेंगे। इसलिए आपको मुझे पहले जाने देना चाहिए।''

इस तरह विवाद चलता रहा। हरेक दूसरे को रास्ता देना नकारता रहा। हरेक यह बताता रहा कि वही कितना सही है, उसे पहले जाने दिया जाए। अंत में राजा चाबुक उठाकर आगे बढ़ा और मुनि पर प्रहार किया। क्रोधित मुनिने राजा को शाप दिया, ''आपने दानव जैसा बर्ताव किया है, इसलिए अब आप मानवसे दानव बन जाएँगे।'' राजा तत्काल राक्षस बन गया, आदमी को खानेवाला राक्षस! उसने मुनि पर छलाँग लगाई, मुँह खोला और पूरी तरह निगल गया।''

कौनसी बात ज्यादा महत्त्वपूर्ण है– पुलिया पार करना या पुलिया सबसे पहले पार करना? मुनि के लिए बाद की बात महत्त्वपूर्ण है। इसी कारण उन्होंने सहजतासे पीछे लौटने और राजा को रास्ता देने के बजाय सबसे पहले उन्हें पुलिया पार करने देने का आग्रह किया। मुनि की यह माँग न्याय, नैतिकता और कानून के आधार पर अति आग्रही बनती चली गई। आखिर नतीजा क्या हुआ? मुनि विवाद में जीत नहीं पाया; वह पुलिया भी पार नहीं कर पाया। अंत में वह दानव का भोजन बन गया। कभी–कभी हम हमारे दुराग्रह को सही मान बैठते हैं और हमारा मूल लक्ष्य छितर जाता है तथा पराजय को झेलना पड़ता है। यदि वह राजा को पार जाने देता तो क्या बिगड़ जाता? वह दूसरे छोर पर जीवित होता, भले ही कुछ देर हो या अहं को कुछ ठेस पहुँचे। क्या वह इतना भयानक होता? यद्यपि मुनि बहुत ज्ञानी था, लेकिन इतना भी सयाना नहीं था कि यह समझ सकें कि दीर्घावधि में अधिकार माने नहीं रखता; जीतना माने रखता है।

हम अक्सर 'सही ठहरने की चाहत' के फन्दे में फँस जाते हैं। सच्चा क्रोध आत्मसंतोष का पथ है, जिससे हम अक्सर अपने गंतव्यसे भटक जाते हैं। सोमराजू को अपनी तिमाही व्यापारिक समीक्षा के अंत में इस बात का अनुभव हुआ।

सोमराजूने अपने तिमाही लक्ष्य पूरे नहीं किए थे। बाजारने अनुकूल प्रतिसाद नहीं दिया था। वे जानते थे कि वे लक्ष्य पूरे कर सकते हैं, यहाँ तक कि छमाही लक्ष्यसे भी आगे बढ़ सकते हैं बशतफ कि उनका प्रोमो बजट बढ़ा दिया जाए। समीक्षा बैठक में वे अपनी योजना के बारे में सभी आँकडे और तथ्य लेकर हाजिर हुए। वे जानते थे कि उन्हें संघर्ष करना पड़ेगा क्योंकि ऐसी अफवाहें थीं कि प्रबंध निदेशकने मुनाफे के लक्ष्य को पूरा करने के लिए प्रोमो बजट को युक्तिसंगत बनाने या उसमें कटौती करने का निर्णय किया है।

बैठक की शुरूआत अच्छी रही। आमोद–प्रमोद के बाद सफेद परदे पर पावर पॉइंट प्रेज़ेंटेशन किया गया। ग्राफ बताए गए, आँकड़ों की चर्चा की गई और स्पष्टीकरण दिए गए। सोमराजू अच्छी तरहसे तैयारी कर आए थे और देख रहे थे कि वे अपनी बातें जिस तरहसे पेश कर रहे थे उससे प्रबंधन काफी संतुष्ट दिखाई दे रहा था। अचानक सीएफओ (प्रधान वित्तीय अधिकारी)ने कहा, ''मुझे लगता है कि आपने अस्पताल के खाते का ठीकसे प्रबंध नहीं किया!''

सोमराजू को यह बात पसंद नहीं आई। जिस अस्पताल के खाते की बात हो थी वह प्रबंध की दृष्टिसे मुश्किल खाता था। और, बातें भी इसलिए बिगड गई थीं; क्योंकि वित्त विभागने सम्बंधितों को कुछ भुगतान में देरी की थी। सोमराजूने इस पर तुरंत कहा, ''महाशय, मुझे ऐसा नहीं लगता।'' सीएफओने जैसे ही यह बताना शुरू किया कि उन्हें क्यों इस खाते का प्रबंध ठीक नहीं लगता; सोमराजू उनसे उलझने लगे। सोमराजूने उनकी हर बात का खंडन किया। उग्र बहस छिड़ गई। सीएफओने बिक्री विभाग के कुछ लोगों द्वारा नाखुशी जाहिर करने का जिक्र किया। सोमराजूने वित्त विभाग पर आरोप लगाया कि वह हस्तीदंती मचान में बैठा रहता है और उसे पता नहीं होता कि यथार्थ में जमीन पर वाकई क्या हो रहा है।

पंद्रह मिनट तक यह होता रहा और अंत में एमडी (प्रबंध निदेशक) को हस्तक्षेप कर इसे रोकना पड़ा। उन्होंने कहा, ''क्या हम प्रेजेंटेशन पर लौट सकते हैं?'' सीएफओ बैठ गए और सोमराजूने अपना प्रेजेंटेशन जारी किया। गरमाहटने कमरे का माहौल बदल दिया। केंद्रबिन्दु छूट गया। सोमराजूने अति रक्षात्मक पैंतरा लिया और स्पष्ट करता रहा कि, हर ग्राहक को किस तरह अच्छे ढंगसे सम्हाला गया है। वे अपने पक्ष में इतना कुछ ज्यादा कहते रहे कि अधिकाधिक लोगों को सीएफओ की बात में दम लगने लगा। बैठक के अंत में न केवल सोमराजू का प्रोमो बजट कम किया गया अपितु उनकी यह भावना हो गई कि प्रबंधन के कुछ सदस्य चाहते हैं कि उन्हें उनके विभागसे हटा दिया जाए। सोमराजू उस दिन शाम को अपने केबिन में खिन्न चेहरा लिए लौटे। उन्होंने इस्तीफा भी देना चाहा।

ऐसा क्या गलत हो गया? समस्या उस समय आरंभ हुई जब सीएफओने अस्पताल के खाते पर टिप्पणी करना शुरू किया। सोमराजू के पास तब कई विकल्प थे- वह माफी न माँगते हुए या रक्षात्मक पैंतरा न लेते हुए अपनी सहमति जता सकते थे। (''मैं जानता हूँ महाशय, लेकिन मुझे स्थिति को स्पष्ट करने दीजिए।''), अथवा वह सम्मानजनक ढंगसे असहमति जता सकते थे (मैं इस मामले में आपकी राय की सराहना करता हूँ, लेकिन उन परिस्थितियों में मुझे लगता है कि हमारी टीमने कुछ अच्छा ही काम किया।''), अथवा इस मामले में वह सीएफओ को भी साथ ले लेते (इस खाते के बारे में मैं आपसे सलाह-मशविरा लेना चाहता हूँ) अथवा वह इस मामले को ही मुस्कुराते हुए बगल में छोड़ देते और कोई प्रतिक्रिया दिए बिना अपना प्रेजेंटेशन सामान्य रूपसे जारी रखते। इसके बजाय उन्होंने सीएफओसे झगड़ा मोल लेना पसंद किया। अपने को सही साबित करने की अभिलाषा में इतने उलझ गए कि, यह भूल गए कि वे बैठक में किस बात के लिए आए हैं।

कभी-कभी जब हमें सँकरी पुलिया पर दूसरे छोर पर प्रतिद्वंद्वी दिखाई देता है तब यह सवाल अपनेसे पूछना बेहतर होता है कि सामनेवाले को पीछे जाने के लिए कहें या उसे पुलिया पार करने दें।

क्या इसका मतलब यह है कि हमें अपने को सही साबित करने की कोशिश करनी ही नहीं चाहिए? नहीं, इसका मतलब यह नहीं है। जीतना एक बात है, सही होना दूसरी बात है। हमें इन मुद्दों के प्रति भ्रमित नहीं होना चाहिए। जीतना और सही रहना दोनों संभव है। लेकिन जब जीतने और सही रहने में चुनाव करना हो तो यह चयन बड़ी होशियारीसे करना चाहिए। हम अक्सर सही होना पसंद करते हैं, क्योंकि इससे हमारा अहं तुरंत शांत होता है। लेकिन, जीतना ही दीर्घावधि में लाभप्रद होता है।

●●

६

केंद्र में लक्ष्य

ओलम्पिक का लैटिन में नारा है, ''सिटियस, ऑल्टीयस, फॉर्टीयस'' अर्थात तेज, श्रेष्ठ, शक्तिमान। निरंतर अविश्रांत सुधार के इस आदर्श नारे की जड़ें प्राचीन यूनान में है, जहाँ पवित्र धार्मिक परम्परा के रूप में ओलम्पिक की शुरूआत हुई। इसमें भाग लेने, और विशेष रूपसे विजयी होनेसे एथलीट ऐसी आभा में पहुँच जाता है, जो उसे ईश्वर के करीब लाती है। खेल भावना का मुख्य हेतु यही है- पहलेसे बेहतर प्राप्त करना और ईश्वर की आदमी पर रोपित अनुमानित सीमाओं को लाँघना।

आज के व्यवसाय में यही आदर्श लागू होता है एवं वर्तमानसे और बड़ा होने, तेजीसे आगे बढ़ने

और मूल्यों की शृंखला पर सवार होने की इच्छा बलवती होती है। हमारी व्यापार प्रणाली की जड़ें पश्चिमी व्यापार प्रणालीसे जुड़ी हुई हैं, जो प्राचीन यूनानी आदशाफ पर आधारित हैं। व्यावसायिक नेताओं को उलीसिस और हरक्लीज जैसे नायक माना जाता है। उनसे उम्मीद की जाती है कि, जहाँ कोई नहीं पहुँचा वहाँ पहुँचे जैसे कि बड़े बीरबान इलाके में साहसिक अभियान, नए बाजारों का सृजन करना, पुराने बाजारों में गहराई तक पैठ लगाना, प्रतिद्वंद्वी दानवों का मुकाबला करना और विजयश्री हासिल करना। खेल का केंद्रबिंदु जीतना है– स्पर्धा में पार पाना है, औसत दर्जेसे ऊपर उठना है, नए क्षितिजों का सृजन करना है, पुरानी सीमाओं को लाँघना है। इसमें आश्चर्य की कोई बात नहीं कि व्यापार और व्यवसाय की यूनानी देवता हर्मीस है, जिसके पैरों में पंख लगे हैं और जो हमेशा विहंग बना रहता है।

लेकिन हम इसे सार्वभौमिक माडल क्यों मान लें? अलेक्जांडरने भारत में पहुँचने पर कहा था कि, वह सारी दुनिया जीतना चाहता है। इस पर स्थानीय मुनियोंने तब उससे पूछा था, ''क्यों?''

ये मुनि सम्राट भरत की जैन कहानी अवश्य जानते होंगे। भरतने सारी दुनिया जीत ली, शिल्पकारों को दुनिया के मध्य में स्थित मेरू पर्वत पर जाने का हुक्म दिया, उसके शिखर पर अपना नाम उकेरने और यह लिखने के लिए कहा कि वह पहला व्यक्ति है जिसने पूरी दुनिया जीत ली। शिल्पकार पर्वत के शिखर पर पहुँचे और जल्द ही गमगीन चेहरे लिए वापस लौट आए। उन्होंने कहा, ''महाराज, हम ऐसा नहीं कर सकते।'' ''क्यों?'', भरतने पूछा। ''हम कुछ बोल नहीं सकते। आप खुद ऊपर जाइये और देख लीजिए।'' भरत पर्वत पर चढ़ने लगा और जब शिखर पर पहुँचा तब देखा कि शिखर के हर इंच पर पूर्ववर्ती राजाओं के नाम खुदे हैं। भरत समझ गया कि हर लक्ष्यहीन सफलता बेमानी है। इस घटनासे वह पीछे लौट गया और जीवन के प्रति सोचने लगा।

यही कहानी हिंदू पौराणिक कथाओं में अलग तरीकेसे कही गई है। देवों के वास्तुशिल्पी विश्वकर्मासे इंद्र चाहता था कि, वह ऐसा राजप्रासाद बनाये जो देवों के राजा को शोभा दें। एक भव्य राजप्रासाद बनाया गया, लेकिन इंद्र को पसंद नहीं आया। उसने कहा, ''इससे और बड़ा, अतिभव्य बनवाइये।'' इसलिए नया भव्य राजप्रासाद बनवाया गया। वह भी इंद्र को नहीं जँचा। विश्वकर्मा निराश होकर विष्णु के पास पहुँचा। विष्णुने उसे आश्वस्त किया। विष्णु बालक का रूप धारण कर इंद्र के पास पहुँचे और राजप्रासाद को देखने की इच्छा प्रकट की। इंद्रने बालक को राजप्रासाद में घुमाया। इसे देखकर बालकने कहा, ''बहुत बढ़िया। यह अवश्य बढ़िया है; लेकिन उस दूसरे इंद्र के प्रासाद जैसा बढ़िया नहीं है।'' यह सुनकर इंद्र परेशान हो गया। उसने बालकसे पूछा, ''दूसरे इंद्रसे आपका क्या माने हैं?'' बालकने स्पष्ट किया, ''इसका माने है आपके पहले के इंद्र। आपके बाद आनेवाले इंद्र। दूसरे विश्व में वर्तमान में मौजूद इंद्र।'' इस पर इंद्रने कहा, ''आप कहना क्या चाहते हैं? मुझ जैसे और इंद्र भी हैं?'' बालकने कहा, ''हाँ अवश्य, अनगिनत!'' इंद्र को अचानक लगा कि इस ब्रह्मांड में वह कितना छोटा और तुच्छ है। इंद्रों की दुनिया में वह रेत का एक रवा मात्र है। इस अनुभूति के बाद उसकी आकांक्षाओं का आकाश छोटा हो गया और आत्मावलोकन के प्रति उसका अधिक रुझान हो गया।

भारतीय लोग जीवन के नैसर्गिक चक्र को मानते हैं। यूनानी इसे नहीं मानते। यूनानियों के लिए नरक सिसिफस नामक व्यक्ति है, जो पत्थर को पहाड़ी पर चढ़ाने में सारा दिन खटता है और रात में वही पत्थर तलहटी में लुढ़क आता है। आज भी उसे फिर वही काम करना है, जो कल किया था। ग्लोरी आता है, बंधन काट देता है, लीकसे हटता है, नया काम करता है। इससे वह श्रेष्ठ बन जाता है और एलिसियान फील्ड्स के स्वर्ग में उसे स्थान मिल जाता है। यूनानियोंने इस भौतिक दुनिया में ऐसा कुछ कौतुकास्पद काम किया कि अस्तित्व का साँचापन खत्म हो गया। लेकिन भारतीयों के लिए मुक्तता का माने है इस भौतिक दुनियासे अपने को मुक्त कर देना। यूनानी दुनिया में जीवन का लक्ष्य यथार्थावलोकन है, जबकि भारतीयों की दुनिया में जीवन का लक्ष्य आत्मानुभूति है। भारत में यह बड़ा सवाल कभी नहीं रहा कि ''आप तेज, श्रेष्ठ और बलशाली कैसे बनें?'' यहाँ प्रश्न यह रहा कि ''आप तेज, श्रेष्ठ और बलशाली क्यों बनें?'' यदि आत्मनिरीक्षणसे पता चलें कि किसी के कार्य के लक्ष्य में अहं शामिल है, तो वह मूर्ख है, और भौतिकता की दलदल में उलझ रहा है। सयाना अपने को कभी अहं के चक्कर में फँसने नहीं देता, अपितु उस पर विजय पाता है– और यह तभी संभव हो पाता है जब व्यक्ति सच्चे अर्थ में और ईमानदारीसे दूसरों के लिए काम करें अर्थात परमार्थ करें।

व्यावसायिक नेता तर्क दे सकता है कि व्यापार की वर्तमान प्रणाली दूसरों के बारे में है। वह (केवल) अहं या लालच नहीं है, वह दूसरों के लिए रोजगार का सृजन करती है, सम्पदा का लोकतांत्रिक वितरण करती है और जीवन को संरक्षित करती है। यह हमारी जिम्मेदारी है कि अधिकाधिक लोगों को बेहतर जीवनस्तर मिले– इसलिए हमें बढ़ना होगा। दूसरे हमसे आगे बढ़ जाए और हमें पीछे छोड़ दें इसके पूर्व हमें स्पर्धा में आगे रहना होगा। ये दोनों विचार साबित करते हैं कि हम लगातार यूनानी विचारधारा के करीब पहुँच रहे हैं और भारतीय विचारधारा के कम करीब है। अब और जीवनचक्र नहीं, सीधीसपाट सड़क है, जहाँ राक्षस हमारा पीछा कर रहे हैं। यदि हम पर्याप्त तेजीसे दौड़े तो हम ऐसी आश्चर्यजनक जगह पहुँच जाएँगे जहाँ गरीबी नहीं होगी, कलह नहीं होगी, स्पर्धा नहीं होगी। यह बुद्धिभेद भारतीय मुनियों के कारण हुआ, क्योंकि वे मानते थे कि जीवन के चक्र को बदला नहीं जा सकता; केवल आप अपनी दृष्टि बदल सकते हैं।

भारतीयों का भाग्य और पुनर्जन्म पर भरोसा है। क्या यही कारण है कि वे इतने आक्रामक क्यों नहीं रहे? क्या यही कारण है कि गरीबी में रहने के बावजूद भारतीय इतने खुश दिखाई देते हैं? क्या यही कारण है कि भारतीय नियमों के प्रति झुकने में संतोष अनुभव करते हैं– इसका आखिर कितना महत्त्व है? भारतीय चरमराई आधारभूत सुविधाओं और कुसंचालन जैसी हर चीज के प्रति इतने सहनशील क्यों हैं? क्या यह अच्छी बात है? क्या हम बदलना चाहते हैं– यूनानियों की तरह? आत्मलीन ऋषियों की तरह नहीं, बेहद सक्रिय श्रेष्ठ व्यक्ति की तरह?

दुनिया छोटी होती जा रही है, हम यह मानने को मजबूर हो रहे हैं कि केवल एक ही खेल खेलना है, और वह केवल साँचे में ढले नियमों और आदशाफ के तहत। हमें तेज, श्रेष्ठ और बलशाली होने के लिए कहा जा रहा है। हमें युवा विजेताओं की गर्माहट में झोंका जा रहा है और विश्व विजेताओं के पदचिह्नों पर चलने के लिए कहा जा रहा है। लेकिन कभी-कभी, हाँ कभी-कभी- हमें यूनानी

दुनिया में झाँकने का समय निकालना चाहिए और अपने आपसे यह मूल भारतीय सवाल पूछना चाहिएः हमारी महत्त्वाकांक्षा क्या है और वह हमें कहाँ ले जाएगी? संभव है कि जवाब में आपका कार्यक्षेत्र सृजित हो, जो कम उन्मादी हो, कम आक्रामक हो, कम तनावयुक्त हो और अधिक शांति देनेवाला हो। और, यह उतना बुरा नहीं होगा।

●●

७

नियम तोड़ना

दोनों बालसखा थे। एक था क्षत्रिय पुत्र और दूसरा था ब्राह्मण पुत्र। दोनोंने एक दूसरे को वचन दिया था कि बड़े होने पर भी उनके पास जो कुछ भी होगा उसमें वे हिस्सेदारी करेंगे। लिहाजा, भाग्यने यह अवसर क्षत्रिय पुत्र को दिया। ब्राह्मण पुत्र विपन्नावस्था में पहुँच गया। हताशा में उसने बड़ी हिचक के साथ अपने वैभवसम्पन्न मित्रसे सम्पर्क करने का फैसला किया। इस कहानी के दो सिरे हैं।

महाभारत में विपन्न द्रोण का उसके मित्र पांचाल नरेश द्रुपदने यह कह कर अपमान किया कि, बड़े होने पर बचपन के वादे कोई माने नहीं रखते। द्रुपदने द्रोणसे दोस्ती के नाम पर राज्य में हिस्सा माँगने

के बजाय दान की भिक्षा माँगने के लिए कहा। द्रोण इससे क्रोधित हुए और इस निश्चय के साथ प्रासादसे चले आए कि, मैं भी द्रुपद के बराबरी का बनकर दिखाऊँगा। प्रतिशोध की ऐसी ही प्रबल भावना के कारण कुरुक्षेत्र का रक्तरंजित नरसंहार हुआ। लिहाजा, भगवद्गीता में सुदामा को विपन्न कहा गया है और मित्र कृष्णने उनका भावभीना स्वागत किया तथा उपहारोंसे उनकी झोली भर दी। बहरहाल, मित्र का बर्ताव कैसा होना चाहिए- कृष्ण की तरह या द्रुपद की तरह? इसका जवाब हम मानते हैं उतना सरल नहीं है।

द्रुपद वही कर रहे हैं जो एक राजा को करना चाहिएः कानून बनाना, द्रोणसे कहना कि व्यक्तिगत पक्षपात स्वीकार्य नहीं है, इसके बजाय समाज में उनकी जो भूमिका है उसके अनुसार बर्ताव करें। ब्राह्मण के रूप में द्रोण किसी सेवा के लिए दक्षिणा माँग सकते थे अथवा यदि कोई सेवा न की हो तो भिक्षा माँग सकते थे। द्रुपद की बात सही थी। दुर्भाग्यसे, द्रुपदने यह बात सहानुभूति के बजाय क्षुद्रता के साथ कही। उनके कायाफ में सज्जनता की भावना नहीं झलकती और यही गलत है।

हम अक्सर भूल जाते हैं कि कानून तथा नियम या आचार-संहिताएँ क्यों बनाई जाती हैं। वे न्याय और निष्पक्षता के लिए हैं। यदि कोई कानून न हो तो अराजकता फैल जाएगी, जिसकी लाठी उसकी भैंस हो जाएगी, विनम्रता ताकतवर की दासी बन जाएगी, पक्षपात और भाईभतीजावाद की चल निकलेगी और केवल बलशाली ही बचा रहेगा। कानूनों के जरिए, नेता जंगल के कानून को तिलांजलि देते हैं और ऐसे अवसर का सृजन करते हैं जहाँ कमजोर भी पूरी सुरक्षा में जी सकें और अपनी उन्नति कर सकें। कानून इस बात की आश्वस्ति दिलाते हैं कि बर्बरता और ऊँची आवाज बर्दाश्त नहीं होगी, ताकि कमजोरसे कमजोर भी पनप सके और विनयशील की आवाज सुनी जा सकें। इस तरह हर ''प्रतिबंध के नियम'' के साथ ''सज्जनता की भावना'' का महत्त्व बना रहे। कमसे कम ऐसा माना जाता है।

सार्वजनिक क्षेत्र की कम्पनी के एक प्रबंधक खुलेपन की नीति के पक्षधर थे। कोई भी अपनी बात लेकर किसी भी समय उनकी केबिन में दाखिल हो सकता था। इससे वे बड़े लोकप्रिय हो गए। लेकिन समय के साथ उनकी समझ में आ गया कि उनके कक्ष में आनेवाले लोगों के प्रति वे पूरा ध्यान नहीं दे पाते। कमरे में बैठे व्यक्ति की अवहेलना कर कभी न कभी कोई न कोई आ धमकता है और इस तरह अन्य विषय की तरफ उनका ध्यान बँट जाता है। अतः, उन्होंने नियम बना दिया कि पूर्वानुमति के बिना कोई हरगिज उनसे न मिले। इससे उनकी लोकप्रियता घट गई। लोग समझ न सके कि इस नियम के कारण ही आनेवाले लोगों की बात वे पूरे ध्यानसे सुन सकते हैं।

इस नियम के कारण न्यायप्रियता का लाभ हुआ- किसी मुलाकात का दूसरी मुलाकात पर विपरीत असर नहीं पड़ा। माह बीत गए। पूर्वानुमति का नियम कठोर बन गया। पूर्वानुमति के बिना कोई भी प्रबंधकसे नहीं मिल सकता था, चाहे फिर संकट की स्थिति ही क्यों न हो। फलस्वरूप, सचिव अधिकार का इस्तेमाल कर तय करने लगा कि कौन, कब बॉससे मिले। वह बॉस को याद दिलाने लगा कि अगली मुलाकात का समय हो गया है।

कभी-कभी प्रबंधक मुलाकाती को वाकई और समय देना चाहते थे, लेकिन नियम तो नियम हैं,

उनके बनाए नियम हैं और नियमों का पालन तो किया ही जाना चाहिए। प्रबंधक रुक्ष कठोर व्यक्ति जैसा बर्ताव करने लगे; क्योंकि इस नियम पर चलते हुए वे यह भूल गए कि उनके नियमों का आखिर उद्देश्य क्या है। वे द्रुपद बन गए। जब नियमोंसे न्यायप्रियता नहीं झलकती तब मान लीजिए कि उन नियमों को मोड़ देने या तोड़ देने का समय आ गया है; जैसा कि कृष्णने भागवत या महाभारत में किया है।

महाभारत में कर्ण की कहानी इस ओर ध्यान आकर्षित करती है कि किस तरह हम नियमों का जिक्र करनेवाले सिद्धांत को अनदेखा करते हैं। कर्ण सज्जन व्यक्ति था; जिसके द्वार पर आया कोई व्यक्ति खाली हाथ नहीं लौटता था। फिर भी, उसने सज्जनता की भावना को उस समय तिलांजलि दी जब उसकी अत्यंत जरूरत थी– अपने नाते-रिश्तेदारों द्वारा सार्वजनिक रूपसे ठुकराई गई असहाय महिला की याचना के बावजूद उसने उसकी कोई सहायता नहीं की। वह महिला द्रौपदी विडम्बनावश द्रुपद की ही पुत्री थी; जिसने पुरुषोंसे उनके कृत्य के औचित्य पर प्रश्न किया था।

हरेक के मन में द्रौपदी के प्रति सहानुभूति थी, लेकिन कोई उसकी सहायता के लिए नहीं उठा; क्योंकि हर कोई मानता था कि नियम का वाकई कोई उल्लंघन नहीं हुआ हैः उसके पतियोंने उसे द्युत के दाँव पर लगा दिया, उसे द्युत में साफ तौर पर जीता गया और अब उसके नए मालिकों का अधिकार बनता है कि वे जीती गई सम्पदा का अपनी इच्छानुसार उपयोग करें। यहाँ नियम को चुनौती देने, उसे मोड़ देने, बदलने, मानवीयता को लागू करने का अवसर था; ताकि कानून अपने मुख्य उद्देश्य को पूरा करें– असहाय की सहायता करना, जंगल के न्याय को बदलना।

दुर्भाग्यसे कर्ण समेत हर वीरने कानून के शब्दों की आड़ ली और वे कानून की भावना को भूल गए। इस अनदेखी के लिए देवोंने कर्ण को कभी क्षमा नहीं की; उसकी उदारता का लाभ उठाकर उन्होंने उसके कवच-कुंडल छीन लिए और कुरुक्षेत्र के रणांगन में वह संकट में पड़ गया।

नेता यदि कानून के उद्देश्य की समझ रखता हो; तो समय की आवश्यकता के अनुसार उसे मोड़ सकता है या बदल सकता है। एक युवा अधिकारी शाम को ५ बजे के बजाय ४ बजे ही दफ्तरसे जाने की अनुमति चाहता था; ताकि ६ बजे वह अपनी एमबीए की कक्षा में उपस्थित रह सकें। द्रुपद की दुनिया में यह संभव नहीं था; क्योंकि इससे अन्य भी इसी तरह की छूट माँगते। इससे नैराश्य पैदा होता और ऐसा अधिकारी सृजित होता जो घड़ी की ओर देखकर ही सारा दिन बिताता है और ५ बजे का नाद होते ही आधा काम छोड़कर ही दफ्तरसे निकल जाता है।

कृष्ण की दुनिया में, शायद अधिकारी को शाम ४ बजे दफ्तरसे जाने की अनुमति मिलती और समय की क्षतिपूर्ति के लिए भी नहीं कहा जाता। इससे खुशमिजाज अधिकारी का सृजन होता; लेकिन ऐसा संगठन बन जाता जहाँ नियमों को लोग धत्ता बता देते। सौभाग्यसे, कृष्ण के साथ उनकी रानियाँ भी बैठी थीं, जो लक्ष्मी का रूप ही थीं। जब कृष्णने सुदामा को उपहारोंसे लादना शुरू किया तब उन्होंने उनका हाथ पकड़ा और कहा, ''कुछ हमारे लिए भी बचाकर रखिए।'' मकसद कृष्ण को यह याद दिलाना था कि उदारता तो उत्तम है, लेकिन घर या संगठन चलाना हो तो थमना भी उतना ही बेहतर है।

जहाँ कृष्ण का राज हो और लक्ष्मी की महत्ता हो, वहाँ युवा अधिकारी को बताया जाता कि समय के बारे में नियम क्यों बनाए गए हैं। बीच का कोई रास्ता निकाला जाता और छात्रसे कहा जाता कि, जो समय जाया जाएगा उसकी प्रतिपूर्ति वह काम पर जल्दी आकर या भोजनावकाश के दौरान काम के जरिए कर सकता है। इससे कार्यप्रवण ऋणी अधिकारी का सृजन होता और संगठन की व्यवस्था पर भी आँच नहीं आती। इसे ही धर्मग्रंथ ''जीत ही जीत'' की संज्ञा देते हैं।

●●

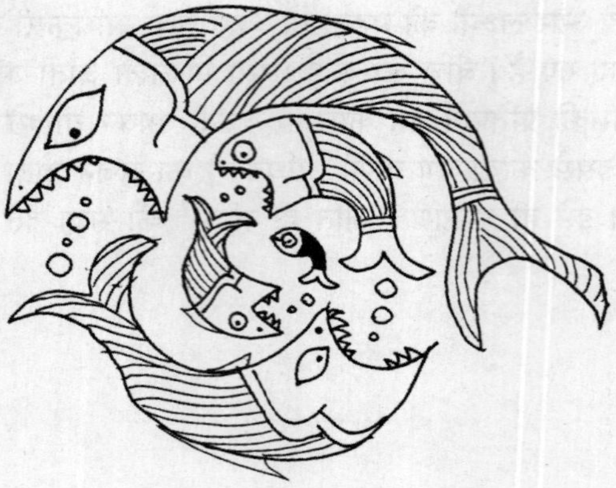

८

मत्स्य न्याय

विष्णु पुराण मस्त्य अवतार– अर्थात विष्णु के मछली के रूप में अवतार– की कहानीसे आरंभ होता है।

एक छोटी सी मछली नदी के तट पर मानव जाति के प्रथम नेता मनुसे मिलती है और उन्हें बड़ी मछलीसे बचाने का अनुरोध करती है। मनु अपने दयालु स्वभाव के कारण उसे नदीसे उठाकर अपनी हथेली पर लेते हैं और एक पात्र में रख लेते हैं। वह छोटी मछली बहुत प्रसन्न होती है। लेकिन दूसरे ही दिन मछली का आकार बड़ा हो जाता है और वह उस पात्र में समा नहीं पाती। मनु अब उसे बड़े पात्र में रख लेते हैं। एक दिन बाद वह मछली फिर बड़ी हो जाती है। मनु को उसे अब विशाल

पात्र में रखना होता है। एक दिन बाद वह फिर कम पड़ता है। अतः उसे उस विशाल पात्रसे निकाल कर तलैया में छोड़ दिया जाता है, तलैयासे वह झील में पहुँचती है, झीलसे नदी में और नदीसे फिर समुंदर में। अब समुंदर भी छोटा पड़ता है। इसलिए बारिश होने लगती है, महासागर मछली को समाने के लिए अपना विस्तार करता है। महासागर का विस्तार होते ही धरती पर पानी ही पानी होने लगता है। मनु के तत्काल ध्यान में आता है कि अब जलप्रलय हो जाएगा और पूरी दुनिया पानी में डूब जाएगी। पानी लगातार बरस रहा था और मछली को समाने के लिए महासागर का जलस्तर भी सतत बढ़ रहा था। मनु खतरे को देखकर चीखने लगे और विस्मित हुए कि आखिर यह हो क्या रहा है। मछली मुस्कुराई और विष्णु के रूप में प्रकट हुई। मनु को बाढ़से बचाने का आश्वासन दिया। उसने मनुसे कहा कि वह स्वयं, अपने परिवार, विभिन्न पशुओं तथा पौधों और सारी दुनिया के रक्षणकर्ता सप्त ऋषियों के साथ नौका में आश्रय ले लें। (कुछ कह सकते हैं कि यह हिंदुओं की अनुपम नौका होगी) उस विशालतम मछलीने बाद में भारी बारिश और प्रचंड तूफान के बीच नौका का मार्ग निर्देशन किया और उसे मेरू पर्वत के शिखर तक ले गई। यही एक जगह थी जो इस तूफानी प्रचंड वर्षा में बची थी।

मानवजाति के साथ प्रथम साक्षात्कार के लिए विष्णुने मत्स्यावतार क्यों लिया? और इस कहानी का कार्पोरेट दुनियासे क्या सम्बंध है?

इसे समझने के लिए पहले संस्कृत मुहावरा ''मत्स्य न्याय'' को समझना होगा। मत्स्य न्याय का अर्थ है मछली का न्याय, जिसका समानार्थी अँग्रेजी मुहावरा है ''लॉ ऑफ द जंगल'' (जंगल का न्याय)। इस कहानी में छोटी मछली मनुसे बड़ी मछलीसे बचाने का आग्रह करती है। प्रकृति में छोटी मछली को बचाने के लिए कोई आगे नहीं आता, क्योंकि जंगल में हर चीज अपने बल पर जीती है और शक्तिमान ही बचता है। लिहाजा, मनु मानव था और सम्पूर्णतया प्रकृति के अधीन नहीं था। उसे यह अधिकार प्राप्त है कि वह जंगल का नियम तोड़ सकता है। इसी कारण आदमी, आदमी है। मनुने जीवित रहने के लिए नहीं; अपितु उपकार करने के लिए कदम उठाया। जैसे ही उन्होंने मछली को उठाया और बचाया, सभ्यता का जन्म हुआः ऐसा स्थान जहाँ कमजोरसे कमजोर जी सकता है। इसके लिए बनाए गए नियम ही धर्म बन गए। मत्स्य न्याय के खिलाफ काम करना अधर्म है।

सरकार मनु की तरह है, जो ऐसे नियम और कानून बनाने का प्रयास करती है जिससे यह प्रणाली विकसित हो कि कमजोरसे कमजोर पनप सके और बलवान शक्तिहीन को दबा न सके। उसे विशाल एमएनसी (बहुराष्ट्रीय कम्पनियाँ) अथवा व्यापारिक घराने (बड़ी मछली की तरह) नहीं चाहिए जो एकाधिकार कायम करें और बाजार पर प्रभुत्व जमाएँ। वह छोटे खिलाड़ियों को भी पनपने देना चाहती है। इसलिए वह विनियम और लाइसेन्स अथवा कानून लागू करती है और कहीं कुछ हो रहा हो तो उसे रोकने के लिए अपने अधिकार के तहत बाजार पर नियंत्रण करती है। सरकार के ऐसे कदमोंसे ''मुक्त'' बाजार नष्ट होता है और खुले बाजार पर अंकुश लगाने को सदा अनुचित माना जाता रहा है। लेकिन उसकी आवश्यकता है- क्योंकि, अत्यधिक उदारतासे अत्यधिक लालच को भी हवा मिलती है। समाज के कमजोर वगाफ के हितों की रक्षा के लिए और सम्पदा के समान वितरण के लिए कानूनों तथा विनियमों और लाइसेन्सों की आवश्यकता है।

लिहाजा, छोटी मछली हमेशा छोटी ही नहीं रहती। वह आकार में बढ़ती है। अपनी रक्षा में असमर्थ, मनु पर पूरी तरह निर्भर होनेसे और ज्यादा माँगती है– बड़ा पात्र, बड़ी तलैया। और मनु अपनी दयालुता के कारण उसे देते ही रहते हैं, और देते ही रहते हैं और अंत में महासागर भी उसे छोटा पड़ने लगता है। बारिश होनी चाहिए और महासागर का विस्तार होना चाहिए ताकि मछली उसमें समा सकें। इस प्रक्रिया में मनु की दुनिया ही लुट जाती है।

इस तरह कहानी मूर्खतापूर्ण दयालुता के मूल्य को स्पष्ट करती है। न मनु और न मछली सच्चाई का सामना करने के लिए के लिए इच्छुक है– मछली अब छोटी नहीं रह गई। मनु भयभीत है कि कहीं उसे कम दयालु न माना जाए। मछली भयभीत है अपने जीवन के प्रति।

भारत में ऐसा हो चुका है जहाँ कानूनों और विनियमों तथा लाइसेन्सों के कारण विकास अवरुद्ध हो गया और अर्थव्यवस्था ध्वस्त हो गई। नियमों को बदलना पड़ा। विदेशी निवेश के लिए बाजार खोलना पड़ा। मनु को मछली को छोड़ना पड़ा ताकि वह अपने बल पर जीवित रहे। लेकिन इसे सुसह्य नहीं माना गया। भारतीय अर्थव्यवस्था को खोलने के विरोध में हर जगह हम प्रदर्शन, उपद्रव, आंदोलन देखते हैं। मछली भयभीत है और मनु पर ही प्रहार कर रही है, क्योंकि शायद मनुने मछली को इस स्थिति के लिए तैयार नहीं किया होगा।

नेता मनु की तरह होता है। उसे विशाल विकसित बाजारों की अपेक्षा छोटे विकासशील बाजारों पर आनुपातिक दृष्टिसे बहुत ज्यादा रकम मजबूरन खर्च करनी होती है ताकि नए बाजारों का सृजन हो सकें । यदि ऐसे ठोस प्रयास न हो तो विकसित बाजारों को सम्हालनेवाली बड़ी बिक्री टीम बड़ी-बड़ी उम्मीदों के सब्जबाग दिखाकर पूरा बजट ही ले लेगी और छोटी बिक्री टीम के लिए बहुत कम बचेगा या बचेगा ही नहीं। एक अच्छा नेता छोटे बाजारोंसे फौरन रिटर्न की अपेक्षा नहीं करता। बड़े बाजार इसे गलत करार दे सकते हैं और सबूतों के साथ उलाहना दे सकते हैं कि यदि और ज्यादा निवेश किया गया तो बहुत ज्यादा रिटर्न मिल सकता है। लेकिन नेता के पास दूरदृष्टि होती है। बड़े बाजार हमेशा बड़े नहीं रह सकते और छोटे बाजार भी समय के साथ बढ़ सकते हैं। फिलहाल छोटी मछली को पात्र और तलैया चाहिए और बड़ी मछली महासागर में टिक जाएगी।

लेकिन चतुर नेता ऐसी योजनाओं को आदत में शुमार नहीं होने देता। विकासशील बाजार हमेशा के लिए अपने को विकासशील कहना पसंद कर सकते हैं। शायद इस ओर किसी का ध्यान नहीं गया होगा कि विकासशील बाजार विकसित बाजार में तब्दील हो गया है, शुरुआती दौर में दिए गए अतिरिक्त प्रोत्साहन की अब उसे जरूरत नहीं है, अब उसमें बड़े खिलाड़ियों के साथ खेलने की क्षमता आ गई है। चतुर नेता को मछली के आकार पर सदा नजर रखनी चाहिए और जानना चाहिए कि कब उसे महासागर में छोड़ देना है। अच्छा नेतृत्व क्षमता निर्माण में है। अच्छा नेता वह नहीं है जो आपको मछली देता है– अच्छा नेता वह है जो यह सिखाता है कि मछली कैसे पकड़े। विष्णु पुराण की यही पहली सीख है।

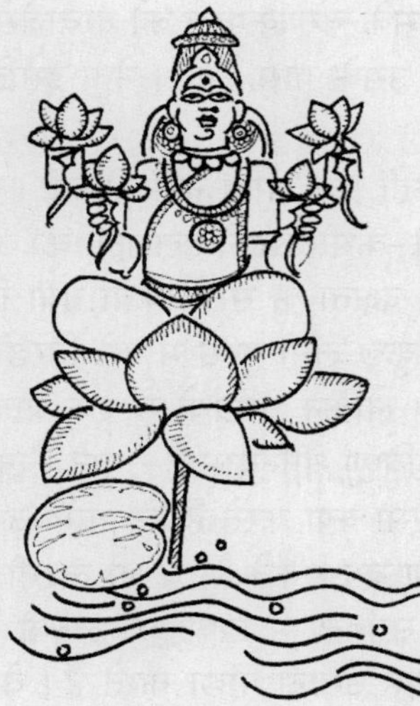

१

लक्ष्मी मंथन

अंतिम लक्ष्य मुनाफा है। आप उसे चाहे जो कहें: अधोभाग (बॉटमलाइन), उर्ध्वभाग (टॉपलाइन), बाजार हिस्सा, पूँजीकरण, अंश पूँजी (इक्विटी), लाभांश (डिविडेंड), प्रोत्साहन राशि (इंसेंटिव) अथवा वृद्धि। अंत में इसी का महत्त्व है। इसी कारण संगठनों को नेताओं की जरूरत होती है। नेता वे हैं जो सम्पदा के निर्माण के लिए संगठन के स्रोतों को जुटाने की क्षमता रखते हैं। वे विष्णु हैं जो क्षीरसागर को मथ कर लक्ष्मी को निकालते हैं। मुनाफा ही मूर्तिमंत पौराणिक लक्ष्मी है। लक्ष्मी रत्नाभूषण पहनी कमल पर विराजमान सम्पत्ति और भाग्य की देवी हैं और भारत में सर्वाधिक पूजनीय हैं। अधिकांश घरों और व्यापारिक प्रतिष्ठानों में आशीर्वाद देती लक्ष्मी

की प्रतिमा अवश्य दिखाई देगी। उसके चरणकमलों को दरवाजेसे आते चित्रित किया जाता है इसलिए कि हर कोई चाहता है कि लक्ष्मी उसके पास आए। नेता इसलिए होते हैं कि वे इस लक्ष्य को पूरा करें।

दुर्भाग्यसे लक्ष्मी चंचल है, कहीं एक जगह नहीं टिकती। बहुत कम लोग अनुमान लगा सकते हैं कि अब वह कहाँ जाएगी। कभी-कभी उसकी हलचलों का अनुमान लगाया जा सकता है। अक्सर तो ऐसा संभव नहीं होता। अत्यंत दक्षता के साथ किया गया विश्लेषण भी संदेहास्पद हो जाता है। उसके मनमौजी स्वभाव के कारण कुछ लोग गुस्से में उसे तिरछी आँखवाली कहते हैं- वह देखती है एक तरफ, चलती है दूसरी तरफ। लेकिन धर्मग्रंथों में एक बात साफ है कि लक्ष्मी विष्णु की तरफ ही जाती है। वह उनसे मोहित हैं। विष्णु श्रीनिवास हैं- माने ''लक्ष्मी का निवास'' है। वह लक्ष्मीकांत हैं- माने ''लक्ष्मी के प्रिय।'' वे ऐसा क्या करते हैं कि भाग्य उनके प्रति आकर्षित हो जाता है? यदि नेता इसे खोज पाए तो वे भी विष्णु बन सकते हैं; वे भी लक्ष्मी को आकर्षित करनेवाला चुम्बक बन सकते हैं। कुल मिलाकर, वैष्णव साहित्य में विष्णु को लक्ष्मी के पीछे भागते हुए कभी नहीं बताया गया। मामूली आराध्यों के दो समूह उसका पीछा करते हैं। वे देव और असुर हैं।

असुर पाताल में रहते हैं और लक्ष्मी को पाताल निवासिनी माना जाता है। उसे भूमिगत मानने का कारण है; क्योंकि हमारे पुरखोंने अनुभव किया कि सम्पति की अत्यंत प्राथमिक अवस्था- खनिज और पौधों के रूप में है और ये सब भूमिसे प्राप्त होते हैं। असुरों को राक्षस इसलिए माना जाता है कि उन्होंने लक्ष्मी को छीन लिया है और उसे जाने नहीं दे रहे हैं। वह पुलामी अर्थात उनकी पुत्री, उनकी बहन हैं।

देव धरती के ऊपर रहते हैं- अग्नि और वायु तथा सूर्य और आकाश के रूप में- और लक्ष्मी को प्राप्त करने के लिए संघर्ष करते हैं। इसे जानिए कि सभी प्राथमिक अवस्था की सम्पदाओं को प्राप्त करने के लिए कितनी जद्दोजहद करनी होती है- खेत को जोतना पड़ता है, फसल की पैदावार करनी होती है, अनाज के दाने निकालने होते हैं, धातु को गलाना होता है। इस ''मूल्यसृजन की जद्दोजहद'' को पुराणों में असुरों और देवों, सम्पत्तिखोरों और वितरकों, राक्षसों और देवताओं के बीच युद्ध कहा गया है। देवोंने लक्ष्मी को इंद्र की सखी या दासी का रूप दिया है। लेकिन, इंद्र जानता है कि सखी का उपभोग किया जा सकता है, परंतु हमेशा के लिए उसे अपने पास नहीं रखा जा सकता; क्योंकि वह चंचल है, तेजीसे निकल जाती है, जीवन और सौंदर्य की चकाचौंधसे परिपूर्ण इंद्र का नंदनवन भी छोड़ चली जाती है। इंद्र अपने पिता ब्रह्मा के पास जाकर लक्ष्मी को लौटाने का आग्रह करते हैं। ब्रह्मा देवताओं को विष्णु के पास जाने के लिए कहते हैं, विष्णु असुरों की सहायता लेने के लिए कहते हैं; क्योंकि असुरों के पास ही ऐसी चमत्कारिक संजीवनी विद्या है, जो नष्ट हुई चीज को पुनः वापस दिला सकती है। इस तरह देव धन को प्राप्त कर सकते हैं, वितरित कर सकते हैं, खर्च कर सकते हैं; लेकिन वे धन का सृजन नहीं कर सकते।

कार्पोरेट दुनिया के देव कौन हैं? क्या वे दमकनेवाले विपणन और बिक्री प्रतिनिधि हैं जो व्यवसाय पाने, उत्पादों और सेवाओं की माँग पैदा करने में लगे रहते हैं? ऐसी स्थिति में असुर कौन हैं? क्या वे उत्पाद निर्माता और सेवा प्रदाता हैं? क्या वे उत्पादन/सेवाओं/ विपणन/बिक्री के बिना बने रह

सकते हैं? क्या धरती के राक्षसों के बिना आकाश की देवताओं का कोई अस्तित्व है? नहीं, संभव नहीं है। विष्णु नेता हैं और जानते हैं, इसलिए किसी का पक्ष नहीं लेते। वे जानते हैं कि दोनों के मिलनेसे बल और प्रतिबल निर्माण होता है जिससे क्षीरसागर का मंथन कर लक्ष्मी को अवतीर्ण किया जा सकता है। कौशल इसीमें है कि दोनों ओर की टीमों में संतुलन पैदा किया जाए। किसी एक तरफ या दूसरे तरफ झुकने का मतलब विनाश होगा। इससे मंथन की क्रिया टूट जाएगी। देवों का मार्गदर्शन गुरू ग्रह के देवता बृहस्पति कर रहे हैं, जो तर्क, युक्ति और गणित के साथ ज्योतिष विज्ञानसे जुड़े हैं। असुरों के गुरू शुक्र हैं, जो शुक्र ग्रह के देवता हैं; जो भावना, सृजनात्मकता, अंतर्ज्ञान के साथ ज्योतिष विज्ञानसे जुड़े हैं। बृहस्पति तर्कशुद्ध रुख के कारण संतुलित होते हैं और इस तरह उन्हें द्विनेत्री कहा जाता है; जबकि शुक्र अंतर्ज्ञानी रुख के कारण असंतुलित और अनुमानविरहित हो जाते हैं और इस तरह उन्हें एकाक्षी कहा जाता है। देवों और असुरों की तरह बृहस्पति और शुक्र भी एक दूसरे के खिलाफ डटे हुए हैं। यह तर्क और अंतर्ज्ञान के बीच की लड़ाई है।

कार्पोरेट दुनिया बृहस्पतियों और शुक्राचार्यों– तार्किकों और जादूगरोंसे भरी हुई है। पहले को एक्सेल चाहिए, जबकि दूसरे को पावर प्वाइंट्स। पहले की अमुमन वित्तीय पार्श्वभूमि होती है, जबकि दूसरे की बिक्री और विपणन की। बिजनेस स्कूलों या विज्ञान की पार्श्वभूमिवालों को बृहस्पति बनने के लिए प्रोत्साहित किया जाता है; लेकिन कला संकाय या रचनात्मक क्षेत्रसे आनेवाले लोगों को शुक्रों के रूप में प्रेरित किया जाता है। कार्पोरेट संगठन में बृहस्पतियों को अक्सर वरीयता दी जाती है; क्योंकि उनकी भाषा समझी जा सकती है, उन पर नियंत्रण किया जा सकता है और उनके बारे में अनुमान लगाया जा सकता है। शुक्रों के साथ ऐसा नहीं है। जब यह पता चलता है कि अतिवादी और उन्मादी 'कल्पनातीत' योजना के बिना जीवित रहना संभव है, तब शुक्राचार्यों की छुट्टी कर दी जाती है।

हम समझ सकते हैं कि बृहस्पति के नेतृत्ववाले देवों को देवता क्यों कहा जाता हैः वे जमीन के ऊपर रहते हैं, प्रकाश में नहाते हैं, साफ, पारदर्शी, तर्कशुद्ध हैं और इसलिए समझने योग्य हैं। शुक्र के नेतृत्ववाले असुर एकदम विपरीत हैं, पाताल में रहते हैं, अदृश्य हैं, उनके अंतर्ज्ञान और उनकी रचनात्मकता का अनुमान लगाना असंभव है, उनका कोई पार नहीं है और वे नियंत्रणसे परे हैं। इससे वे रहस्यमयी और जादुई बन जाते हैं। असुर हमें धमकाते हैं, असुरक्षित बनाते हैं। इसी कारण वे राक्षस हैं। कृपया ध्यान रखें कि बाइबल की तरह हिंदू धर्मग्रंथों में राक्षस, शैतान नहीं है– हिंदुओं के पास कोई शैतान नहीं है। वे देवों की तरह ब्रह्मा की संतान हैं। उनमें नैतिक या जातीय विभाजन नहीं है। वे प्रकृति के अनिवार्य बल हैं।

सच्चा नेता अपने चहुँओर विभिन्न बलों को जुटाता है ताकि लक्ष्मी निर्माण का प्रभावी और सक्षम मंथन हो सके। वह उन्हें विचारपूर्वक समन्वयक बनाता है, न कि दुश्मन। वह बृहस्पति और शुक्र, तर्क और जादू, स्थूलता और आत्मचेतना दोनों के साथ काम करता है। वह असुरों और देवों, विनिर्माताओं और मूल्य–प्रदाताओंसे बेहतरीन प्राप्त करने में सक्षम है। वह सत्व–गुणी है– जो देवों के राजस और असुरों के तामस जैसे दो अन्य और परस्परविरोधी सिद्धांतों को संतुलित करता है। वह एक ओर युक्तिसंगत है तो दूसरी ओर अंतर्ज्ञानी भी। वह चकाचौंधवाले प्रदर्शन का सम्मान करता है,

लेकिन यह भी जानता है कि उसके पार्श्व में मौजूद ठोस एक्सेल शीट भी मूल्यवान है। यह सब करते हुए विष्णु लक्ष्मी की परवाह नहीं करते। वे लक्ष्मी के प्रति लगभग उदासीन रहते हैं। और, शायद यही कारण है कि लक्ष्मी उनके पीछे पड़ी रहती है। वह उनकी सिरमौर बनती है, उनका सिंहासन बनती है, उनकी छाया बनती है और दासी बनती है। उनके लाभप्रद राज्य की सेवा करते हुए वह उन्हें राजा बना देती है। लेकिन, सावधान! लक्ष्मी विश्वसनीय पत्नी नहीं है। नेता अक्सर भूल जाते हैं कि सफलता अपने आप उन तक नहीं पहुँचती, उसे अपने कायाफसे खिंचकर लाना होता है। ताज व्यक्ति को नहीं, पद को पहनाया जाता है। लक्ष्मी आपके पास हर समय निरंतर आती रहे इसलिए यह महत्त्वपूर्ण है कि नेता विष्णु बना रहे– सर्वथा संतुलित, सर्वथा केंद्रित, सर्वथा निष्पक्ष और सर्वथा तटस्थ।

●●

१०

नेताओं के कृत्य

हाँ, तो टीम के नये नेता के रूप में आज आपका पहला कार्यदिन है। क्या आपके नियुक्तिपत्रने आपको नेता बना दिया है? या कि क्या आपके कृत्योंसे आप नेता बनेंगे? आपको अपने नेतृत्व को स्थापित करने के लिए कौनसे कदम उठाने चाहिए? क्या ऐसा कोई कदम–दर–कदम मार्ग है जो आपको नेता बना दें? हर कोई इस बातसे सहमत हैं कि नेता पैदाइशी होता है, बनाया नहीं जा सकता; लेकिन धर्मग्रंथ ऐसे अनेक ''यज्ञों'' या कर्मकाण्डों का जिक्र करते हैं जिनसे व्यक्ति के बीच का राजा जाग्रत किया जा सकता है।

इनमेंसे सबसे पहला निस्संदेह विवाह है– ऐसा बंधन जो राजा और राज्य, नेता और संगठन में

हुआ करता है। पौराणिक काल में पुरुष तब तक राजा नहीं बन सकता था, जब तक कि उसकी बगल में रानी नहीं है; क्योंकि रानी तो राज्य का प्रतिनिधित्व करती है। जिस तरह पति को अपनी पत्नीसे प्यार करना होता है, उसे संरक्षण देना होता है और सुखी रखना होता है; उसी तरह राजा को राज्यसे स्नेह करना होता है, उसका संरक्षण करना होता है और उसे सुखी रखना होता है।

नेता और संगठन के बीच यह सम्बंध अत्यंत महत्त्वपूर्ण होता है। उसे संगठन, उसके लक्ष्यों और मूल्यों पर भरोसा रखना होता है; अन्यथा वह नेता नहीं हो सकता। विवाह के बिना व्यक्ति नेता नहीं होता, केवल काम करनेवाला और वेतन एवं पद पानेवाला कर्मचारी होता है। वह रक्षात्मक, सृजनात्मक अथवा प्रेरक नहीं हो सकता।

विवाह के बाद ''राजसूय'' करना होता है। महाभारत में जब युधिष्ठिरने राजा बनने की अभिलाषा प्रकट की, कृष्णने उन्हें राजसूय अर्थात राज्यारोहण के पूर्व जरासंध जैसे बलशाली को मारने जैसा अपूर्व काम करने का परामर्श दिया। ''इसके बाद ही लोग आपके राजा होने का सम्मान करेंगे और आपकी प्रभुता को स्वीकार करेंगे।'' व्यक्ति को वरिष्ठ पद पर प्रोन्नत करने के पूर्व, यह महत्त्वपूर्ण है कि समवर्ती समूह– अन्य राजा– उसे स्वीकार करें। इस प्रोन्नति का औचित्य साबित करने के लिए, उसे मिसाल के तौर पर अपूर्व सफलता प्राप्त करना जरूरी है। सिवा इसके वह कमजोर, केवल सपनेबाज बना रहेगा। कुछ आदिवासी जमातों में भविष्य के राजा को शेर, बाघ या लोमड़ी का शिकार करने की मिसाल देनी होती है। वह शिकार में सफल रहा तो लोग भी युद्ध में उसके साथ होंगे।

राज्याभिषेक समारोह का अनिवार्य अंग है ''अभिषेक''। इसके दौरान राजा को अभिमंत्रित जलसे नहलाया जाता है। यह ''सार्वजनिक स्नान'' व्यक्ति के राजा के रूप में रूपांतर का विधि–विधान है। इसमें व्यक्ति को एक चौकी पर बैठाया जाता है, उसे विशेष बनाया जाता है, सामान्यों के बीच प्रथम, शेष में श्रेष्ठ।

अक्सर, और खास कर बिक्री कम्पनियों में, बिना किसी राज्याभिषेक के ही क्षेत्रीय प्रबंधक को उसके मुख्यालय भेज देने की प्रथा सी है। वह शहर में अकेला पहुँचता है और अपनी प्रबंधकी कायम करने के लिए हफ्ते बिता देता है।

रूपांतर हमेशा आसान या सफल नहीं होता। मातहत अधिकारियों के साथ सामान्य बैठक या भोजन आयोजित कर प्रबंधक को परिचित करानेसे उसे बहुप्रतीक्षित सम्बल प्राप्त हो जाता है। इससे टीम को संदेश मिलता है कि प्रबंधक को ''उच्चाधिकारियोंसे'' आशीर्वाद प्राप्त है।

सार्वजनिक रूपसे ताज पहनाए जाने पर, प्रबंधक को अक्सर उसकी टीमसे विरोध सहना पड़ता है। वह बाहरी व्यक्ति है, नया बॉस है। उसे रिश्ते कायम करने होते हैं। वरिष्ठताक्रम और प्रक्रियाओं को लागू करना होता है। सबसे बदतर बात यह कि टीमसे जुड़ने के पूर्व ही उसे महत्त्व अथवा अधिकार पर अमल करना पड़ता है।

इस जुड़ाव के लिए ''उपनिषद'' जरूरी होता है– अर्थात नेता के अपने दृष्टिकोण को पेश करने के पूर्व आपस में चर्चा करना, बहस में शामिल होना, हरेक की राय सुनना। इस ''सुनवाई'' में खरापन होना चाहिए। ऐसे चतुर नेता हैं जो सुनते जरूर हैं, लेकिन ध्यान नहीं देते। इसका जल्द पता चल जाता है और नेता का टीमसे सम्पर्क टूट जाता है।

उपनिषद के बाद, राजा को अपना धर्म परिभाषित करना होता है– अर्थात, उनका दृष्टिकोण और उस पर किस तरह अमल किया जाना है। धर्म के दो हिस्से हैंः ''वर्ण'' मतलब संगठन में स्थान और ''आश्रम'' मतलब कर्मचारी की अवस्था। वर्ण–धर्म का माने हुआ हर कर्मचारी की भूमिकाओं, अधिकारों और जिम्मेदारियों को परिभाषित करना।

अक्सर, यह स्पष्ट नहीं होता। जब भूमिकाओं में दुहराव होता है तो अव्यवस्था उत्पन्न होती है। दिशादृष्टि का विस्मरण हो जाता है और व्यक्तिगत प्रतिद्वंद्विता को तवज्जो देकर संगठनात्मक कार्यक्रम चलते हैं। इसे नेतृत्व की विफलता का पैमाना माना जा सकता है। नेतृत्व करने के लिए यह पता होना जरूरी है कि, क्या प्राप्त करना है और उसे प्राप्त करने के लिए टीम के हर सदस्यसे क्या करवाना है।

आश्रम–धर्म का माने यह जानना है कि संगठन का सदस्य अपने रोजगार या करिअर की किस अवस्था में है– प्रशिक्षण अवस्था है, निष्पादन अवस्था है, शिक्षकी अवस्था है अथवा निवृत्ति की अवस्था है। यदि किसी व्यक्तिने अपना काम सफलतासे पूरा किया है तो उसे नया काम देना होगा। यदि किसी व्यक्तिने अपनी जिम्मेदारी सफलतासे पूरी की है तो उसे और अधिक जिम्मेदारी सौंपने का समय आ गया है। अन्यथा वह छितर जाएगा और संगठन के बल को निर्बल कर देगा।

प्राचीन काल में राज यज्ञों में सबसे अलौकिक था ''अश्वमेध'', जिसमें राज–घोड़ा मुक्त रूपसे विचरण करता था और सेना उसके पीछे–पीछे चलती थी। घोड़ा जिस इलाकेसे गुजरता था वह राजा के अधिकार में आनेसे कोई चुनौती नहीं होती थी। जो इस घोड़े को रोक देता था उसे राजा की सेना का मुकाबला करना होता था।

राजा के अश्वमेधसे इस बात का पता चलता था कि कौन राजा के अधीन रहना चाहता है और कौन उसे चुनौती देना चाहता है। अश्वमेध खतरनाक विधि थीः इसमें राजा की पराजय हो सकती थी या दर्प–दमन हो सकता था। कार्पोरेट दुनिया में, घोड़े नहीं होते। लेकिन, हर नेता के पास कार्यक्रम होता है, दिशादृष्टि होती है जिसे वह पूरा करना चाहता है।

यही उसका घोड़ा है। उसकी दिशादृष्टि के पक्ष में उपलब्ध सूचनाएँ, तथ्य और तर्क उसकी सेना है। कोई उसे पावर प्वाइंट प्रदर्शन कह सकता है, जो घोड़ा है और औचित्यपूर्ण अनुसंधानात्मक आँकड़ों के साथ पेश एक्सेल शीट उसकी सेना है। बिना सशक्त सेना के घोड़े को चुनौती का सामना करना पड़ेगा। नेता बने रहने के लिए घोड़े का चुनौतीविहीन विचरण जरूरी है अथवा सेना इतनी बलशाली होनी चाहिए कि चुनौती का डटकर मुकाबला करें।

एक बार विजयश्री हासिल करने के बाद, और योजना को संगठन में रोपित करने के बाद, राजा को ''दिग्विजय'' यात्रा पर निकलना चाहिए। दिग्विजय का माने है आकाश या दिशाओं को जीतना। प्राचीन काल में, राजा अपने राज्य में चहुँ दिशाओं में यात्राओं पर समारोहपूर्वक जाया करते थे।

कार्पोरेट दुनिया में, नेता को अपने विभागों की यात्राएँ करनी चाहिए और आश्वस्त होना चाहिए कि उसकी हर जगह उपस्थिति है और उसकी दिशादृष्टिसे सभी परिचित है। नेता अक्सर अपनी टीम

को बोलने देते हैं। इससे यह भावना फैलती है कि नेता कठपुतली है और उसे अपना दिमाग ही नहीं है। सच्चे नेता को दिग्विजय करनी चाहिए ताकि वह अपने अधिकार पर अमल कर सकें और दुनिया को यह बता सकें कि वह उसे कहाँ और कैसे ले जाना चाहता है।

अंत में, पुनर्निर्माण का यज्ञ आता है ''वाजपेय'' अथवा वाजयम्। राजा समय-समय पर अपने अधिकार को कायम रखने के लिए इसे करते हैं। दुनिया को यह बताना आवश्यक होता है कि कौन प्रमुख है, क्योंकि जनस्मृति अक्सर अल्प होती है।

●●

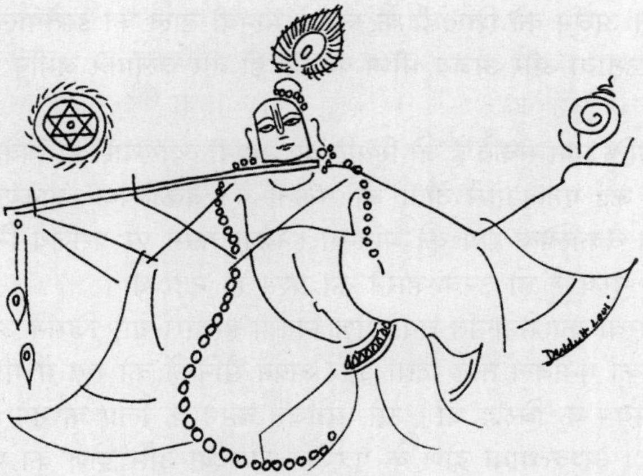

११

कुरुक्षेत्र उवाच्

महाभारत में उल्लेखित अठारह दिनों के कुरुक्षेत्र युद्ध में नौ दिन अनिर्णय की स्थिति के थे। कौरव ग्यारह सेनाओं के साथ पांडवों की सात सेनाओंसे बढ़त लिए हुए थे। पांडवों के लिए, कौरवों के कुशल सेनापति भीष्म का मारा जाना बेहद महत्त्वपूर्ण था।

इसलिए कृष्णने अर्जुन के रथ का सारथ्य शिखंडी को सौंपने का निर्णय किया। शिखंडी का जन्म महिला के रूप में हुआ, लेकिन बाद में उसने अपने को पुरुष में रूपांतरित कर दिया। भीष्म को लगता था कि इस तरह के रूपांतर के बावजूद शिखंडी स्त्री ही है और इसलिए उन्होंने शिखंडी के खिलाफ धनुष्य नहीं उठाया। कौरवोंने शिखंडी के रणांगन में आने का विरोध किया, लेकिन पांडव तो शिखंडी

को पुरुष ही मानते थे। अर्जुन को शिखंडी के रूप में मानवी ढाल का इस्तेमाल करने में कोई हिचक नहीं थी, उसने धनुष्य उठाया और अजेय भीष्म पर सैकड़ों तीर चलाकर जमीन पर मुत्युशैया पर लिटा दिया।

भीष्म को ऐसा व्यक्ति मान सकते हैं जो स्थिति की अपनी व्याख्यासे ही विकलांग हो गया। लेकिन किसी भी स्थिति को कई पहलुओंसे देखा जा सकता है। वैकल्पिक व्याख्या के जरिए किसी को चुनौती देना संभव है। वैकल्पिक राय को माननेसे इनकार करने पर पराजय निश्चित है। यदि भीष्म मान लेते कि शिखंडी पुरुष है तो उनके हारने का प्रश्न ही नहीं था।

भीष्म के बाद कौरवों का सेनापति बना द्रोण निर्दयी हत्यारा था, जिसने अर्जुन के पुत्र अभिमन्यु की हत्या कर पांडवों का मनोबल तोड़ दिया और अपने सैनिकों को रात में भी लड़ने की आज्ञा दी, जबकि यह युद्ध के नियम के विरुद्ध था। उसे पराजित करने के लिए कृष्णने अफवाह फैली दी कि अश्वत्थामा मारा गया। अश्वत्थामा द्रोण के पुत्र का नाम था और द्रोण का पुत्रस्नेह असीम था।

अश्वत्थामा द्रोण का जीवन था। इस अफवाह को सुनने के बाद उसका दिल बैठ गया। क्या उसका पुत्र मारा गया? उन्हें चारों ओरसे घेरे पांडवोंने 'हाँ' कहा। द्रोण पांडवों में सत्यनिष्ठ माने जानेवाले युधिष्ठिर की ओर मुखातिब हुआ। युधिष्ठिर जानता था कि जो मारा गया वह अश्वत्थामा नामक हाथी है। फिर भी उसने द्रोणसे कहा, ''नरो वा कुंजरो वा'' अर्थात, अश्वत्थामा अवश्य मारा गया; लेकिन हाथी है या नर है यह पता नहीं।

लड़ाई की आपाधापी में युधिष्ठिर का पथरीला चेहरा देखकर द्रोणने मान लिया कि उसका पुत्र मारा गया है और इस सूचना की भीषणता कम करने के लिए युधिष्ठिरने सहमा-सा जवाब दिया है। द्रोणने अपने शस्त्र म्यान कर दिए। इसका लाभ उठाते हुए पांडवों की सेना के नेताने अपनी तलवार खिंची और द्रोण का सिर कलम कर दिया।

द्रोण को ऐसा व्यक्ति कह सकते हैं, जो किसी निजी चीजसे अत्यधिक चिटका रहा। ऐसे व्यक्ति को तोड़ने के लिए उसकी प्रिय चीज को नष्ट करना जरूरी होता है। अथवा, कमसे कम उसे यह आभास दिलाना होता है कि उसकी प्रिय चीज खत्म हो गई है। उसका लगाव उसके निर्णय पर हावी होगा, वह गहराई में नहीं जाएगा और तथ्यों का पता लगाने की कोशिश भी नहीं करेगा। कई नेताओं की कई चहेती या अनचाही चीजें होती हैं और कार्पोरेट कलाबाज और बकवादी इसका उपयोग रिश्ते खत्म करने के लिए करते हैं। नेताओं को इससे बचना चाहिए। उन्हें तथ्यों को अवश्य परखना चाहिए, खास कर तब जब उनका उनसे निकट सम्बंध हो। अन्यथा, द्रोण की तरह उनका सिर भी कलम होगा।

शल्य, अंतिम दिन कौरवों का सेनापति बना और इंडोनेशियाई महाभारत के अनुसार, जब भी शल्य पर हमला होता था उसके कानोंसे राक्षस बाहर आता था। शल्य के खिलाफ हमला जितना तेज हो उतना ताकतवर राक्षस बाहर आता था। शल्य को पराजित करने के लिए कृष्णने परामर्श दिया कि युधिष्ठिर क्रोधसे नहीं प्यारसे उसके साथ लड़ें। अतः युधिष्ठिर शल्य की ओर स्नेहभरे कदमोंसे आगे बढ़ा। शल्य का राक्षस इतना कमजोर हुआ कि वह शल्य के कानोंसे बाहर ही नहीं आ सका। युधिष्ठिर जब शल्य के करीब आया, बिना किसी दुर्भावना के भाला उठाया और कौरवों के अंतिम सेनापति की छाती में घोंप दिया।

इससे बलवती सीख मिलती है। ऐसे लोग मौजूद होते हैं जो संघर्ष में बलवान होते हैं। ऐसे लोगोंसे उलझने का कोई मतलब नहीं होता। उनसे बहस कर उनके तकाफ को महत्त्व देने का कोई अर्थ नहीं है। उनसे सहमत होना ही उनके तर्कों का खोखलापन साबित करने के लिए पर्याप्त होता है। इससे उनकी हवा ही निकल जाती है। वे हर तर्क का सामना करने की तैयारीसे आते हैं और ऐसा कुछ न होने पर अपने को कमजोर मानते लगते हैं। भ्रमित हो जाते हैं और संवेदनशील बन जाते हैं। उनके आसपास के लोग यह देखकर हट जाते हैं कि कोई बहस ही नहीं हो रही है। इस तरह सहमति के जरिए किसी राय को नष्ट किया जा सकता है।

बर्बरीक छोटा-सा और कम परिचित चरित्र है, जिसकी कहानी लोक महाभारतों में आती है। वह भीम का पुत्र है, जो नागकन्यासे पैदा हुआ और वह सभी पाँच पांडवों की एकत्रित शक्तिसे भी अधिक शक्तिशाली है। वह कौरवों की सेना में शामिल न हो इसके लिए कृष्णने उससे उपहार माँग लिया। बर्बरीक याचक को कभी खाली हाथ नहीं लौटाता था। अतः कृष्णने कहा, ''मुझे आपका सिर चाहिए।'' बर्बरीकने तुरंत अपना सिर काटा और कृष्ण को भेंट कर दिया, लेकिन इस अनुरोध के साथ कि उसका सिर ऐसे शिखर पर स्थापित किया जाए जहाँसे वह महाभारत का महान युद्ध देख सकें। इसलिए कृष्णने उसका सिर ऐसी पहाड़ी के शिखर पर स्थापित कर दिया जहाँसे कुरुक्षेत्र का रणांगन दिखाई देता हो। युद्ध समाप्त होने पर पांडवोंने उससे पूछा कि रणांगन में सर्वश्रेष्ठ योद्धा कौन था? बर्बरीकने जवाब दिया, ''मैंने रणांगन में किसी सर्वश्रेष्ठ योद्धा को नहीं देखा। मैंने केवल यह देखा कि कृष्ण उन योद्धाओं के सिर काटने और उनका खून द्रौपदी के बालों में लगाने की बात करते फिर रहे थे; जिन्होंने भरी सभा में द्रौपदी का अपमान किया था।''

यह एक अच्छी कल्पना है कि कार्पोरेट क्षेत्र की राजनीतिक उठापटख के पार्श्व पर दृष्टिपात किया जाए और यह देखा जाए कि कौन संघर्ष के लिए उकसा रहा है और आग में कौन घी कौन डाल रहा है। अक्सर संघर्ष में उलझे दोनों पक्ष समझ नहीं पाते कि और कोई तीसरा व्यक्ति है जो अपने स्वार्थ के लिए उन्हें लड़ा रहा है। इसलिए अपने आपसे पूछें- क्या कुरुक्षेत्र में आप अपनी लड़ाई स्वयं लड़ रहे हैं या किसी के बड़े खेल के आप प्यादे हैं?

●●

१२

विश्वरूप गुत्थी

विश्वरूप कृष्ण का अवतार है, जो उन्होंने अर्जुन के आग्रह पर कुरुक्षेत्र के रणांगन में दिखाया। इस अवतार में कृष्ण का स्वरूप परिचित नहीं लगता। वह न ग्वाला है, न सारथी। वह असंख्य पैरोंवाला और अनगिनत हाथोंवाला, सिरोंवाला, मुखसे अग्निज्वाला उलीचनेवाला और ब्रह्मांड की हर चीज, सजीव और निर्जीव को अपने में समानेवाला अति विशाल रूप है। वह भीषण, स्फूर्तिदायी स्वरूप है। उसमें ऐसी हर चीज समाई हुई है जिसकी अर्जुनने कल्पना की थी और वह भी जिसकी उसने कल्पना तक नहीं की थी।

ज्यादातर लोग, विशेष रूपसे वे जिन्होंने सफलता पाई है, विश्वरूप बनने की कोशिश करते हैं–

विस्तारित होने लगते हैं और एकसाथ हर चीज और हर व्यक्ति बनने की कोशिश करते हैं। उत्पाद विनिर्माता सेवा प्रदाता हो गए हैं। उत्पादक विपणनकर्ता बन गए हैं। उद्योगपति खुदरा व्यापारी बन गए हैं। होटलवाले अध्यापक बन रहे हैं। क्योंकि, संगठन अनगिनत हाथ और अनगिनत पैर फैला रहे हैं; ताकि ''मूल्य शृंखला के हर तत्त्व को संतुष्ट किया जा सकें।''

डॉ. रमेश का मामला विचार करने लायक है। वे प्रसिद्ध हृदय रोग विशेषज्ञ हैं। एक दिन में वे छह शल्यक्रियाएँ करते हैं। वे हर रोगीसे परामर्श और शल्यक्रिया के शुल्क के रूप में एक लाख रु. लेते हैं। इसमें शल्यक्रिया कक्ष या अस्पताल की सेवाओं का शुल्क या औषधियों का खर्च शामिल नहीं है। इसमें शल्यक्रिया पर होनेवाले खर्च मेंसे उन्हें मिलनेवाला कमीशन शामिल नहीं है। वे निस्संदेह प्रवीण शल्य चिकित्सक हैं, जिनकी सफलता की दर ९९ प्रतिशत है। हर रोगी, और अन्य रोगियों को लाता है। हरेक उनसे स्नेह करता है। हर व्यक्ति उनका सम्मान करना चाहता है। अध्यापक और संरक्षक के रूप में उनकी भारी माँग है। हर दिन वे रोगियों, उनके परिवारों, उनके छात्रों, उनके कर्मचारियों, परिचारिकाओं, अर्ध-चिकित्सा कर्मचारियों, अस्पताल प्रशासकों के श्रद्धासे झुके नेत्रों को देखते हैं। और, नतीजा यह है कि वे अपने को ऐसा निष्णात व्यक्ति मानने लगे जो कोई गलती कर नहीं सकता। फिर अस्पताल के कामसे वे क्यों संतुष्ट हो गए? उन्होंने अपना अस्पताल क्यों नहीं खोला? उनका ऐसा विचार रखने की देर थी कि कई प्रायोजक तैयार हो जाते और भूमि दिला देते। जल्द ही उनका दिन रोगियोंसे नहीं, बिल्डरों, प्रायोजकों, वास्तुकारों और प्रशासकोंसे व्यस्त हो जाता। वे व्यवसाय, विकास और लाभ-हानि की बातें करते। उन्हें लगा कि उनकी राय न केवल महत्त्वपूर्ण है, बल्कि अच्छी भी है। शीघ्र ही वे अपने अस्पताल के निर्माण में जुट गए। बाद में उन्हें लगा कि एक ही अस्पतालसे क्यों संतुष्ट हो? क्यों न अपने राज्य के हर शहर में, संभवतया देश के हर शहर में अस्पताल की शृंखला बनाई जाए? बाद में उन्होंने सोचा कि मेडिकल कॉलेज के बिना अस्पताल का क्या माने है? और क्यों न नर्सिंग कॉलेज भी हो? बाद में उन्हें लगा कि क्यों ब्रांडेड दवाइयाँ खरीदी जाए जो कि बहुत मँहगी होती हैं- क्यों न अस्पताल को लगनेवाली जेनेरिक दवाएँ बनाई जाए जो तुलनात्मक रूपसे मूल्य में सस्ती होंगी? अल्पावधि में ही, फार्मास्यूटिकल व्यवसाय, मेडिकल उपकरण व्यवसाय, मेडिकल शिक्षा, अस्पताल प्रबंध और खुदरा दवा व्यवसाय की बात उनके मन में आई। उन्हें अब हृदय शल्यक्रिया की जरूरत ही नहीं रही। उनके मातहत प्रशिक्षित छात्र निष्णात हो गए थे और उनके जैसी ही शल्यक्रिया कर सकते थे। धीरे-धीरे हृदय शल्यक्रियाओं की अपेक्षा व्यापक दिशादृष्टि की ओर उनकी नजर गई- जिन्हें जरूरत है उन्हें हर सुविधा मुहैया कराने की। वाकई वे उन लोगोंसे बातचीत कर रहे थे जो सोचते थे कि उनके अस्पतालों को अस्थिसंधि, गुदाफ और श्वसन संबंधी बीमारियों की भी चिकित्सा की सुविधाएँ मुहैया करनी चाहिए। इसलिए कि अवसर बेहद थे और वित्त-पोषण के लिए उनका ब्रांड-मूल्य भी बहुत था।

यह चकाचौंध करनेवाला स्वरूप बेहद प्रेरक और सराहनीय था, लेकिन अर्जुनने जब कृष्ण का वास्तविक रूप देखा तब वह भयभीत और संभ्रमित हुआ। उसने कृष्णसे अनुरोध किया, ''कृपया अपने मूल रूप में आइये। विश्वरूपसे मैं चौंधिया गया हूँ। मुझे अपना मित्र वापस चाहिए।'' विश्वरूप तुरंत बालहास्यसे अलंकृत शरारती आँखोंवाला कृष्ण बन गया। वह तीर-धनुष्य लिया राम नहीं था,

न परशू हाथ में रखनेवाला परशूराम। बदन पर राख मला वह शिव भी नहीं था। वह स्वर्णाभूषणोंसे लदी हाथ में कमल रखनेवाली लक्ष्मी या टपकते खूनसे सने नरमुंडों की माला लिए खड़ी काली भी नहीं था। वह तो मोरपंख लगा, पीली धोती पहना ईश्वर रूप था, जो अर्जुन को सुहाया।

हिंदू मानते हैं कि जब सभी देवियों और देवताओं को उनके प्रतीकों के साथ समाहित कर एक विवर में रख दिया जाए तो वे निस्स्वरूप– निर्गुण– हो जाते हैं– स्वरूपहीन और स्वरूपसे परे। यह एक महान अवधारणा है, जो आम आदमी के लिए अस्पर्श और अगाध है। यहाँ तक कि हर चीज को समाहित करनेवाले विश्वरूप की भी अपवादात्मक ही पूजा होती है। लेकिन, राम या कृष्ण की तरह हरगिज नहीं। हर हिंदू देवता या देवी की पहचान के लिए अनोखे प्रतीक हैं। हर व्यक्ति जानता है कि उनमेंसे हरेक सम्पूर्ण का अंग है, इसलिए समर्पण या ध्यान उस अंग को ही दिया जाता है, न कि सम्पूर्ण को।

उपनिषदों में एकत्व और सभी चीजों में एकता को महत्त्व दिया गया है। एक स्वरूप दूसरेसे किस तरह भिन्न है इसे पहचानने को भी अत्यंत महत्त्व दिया गया है। हम कौन हैं? इति–इति यानी यह भी और वह भी। अथवा, नेति–नेति यानी यह भी नहीं, वह भी नहीं। सफल होने पर जब हममें विस्तार और विश्वरूप बनने की भावना जगती है तब हम इस पहलू को भूल जाते हैं। हम यह मानने लगते हैं कि हम हर चीज कर सकते हैं। और, जब हम ऐसे प्रवास पर निकलते हैं तब अपने व्यक्तिगत चरित्र–प्रतिमानों को खो देते हैं, जो कि हमारे अस्तित्व का मूल आधार है। कृष्णने जैसे ही विश्वरूप लेना शुरू किया वैसे ही अर्जुनसे उनका नाता टूट गया।

यद्यपि डॉ. रमेश का सर्जनसे उद्यमी में रूपांतर अलौकिक है, फिर भी उन्हें एक कदम पीछे आकर अपने आपसे पूछना चाहिए कि वह आखिर बनना क्या चाहते हैं? क्या वे मरीजोंसे व्यक्तिगत सम्पर्को को तोड़ना चाहते हैं? क्या उन्हें विशेष रूपसे आँकड़ों और तुलन–पत्र पर ही केंद्रित रहना है? सबसे महत्त्वपूर्ण यह कि उन्हें अपने आपसे पूछना चाहिए कि वे क्या नहीं बनना चाहते? वे कहाँ विभाजन रेखा खिंचेंगे? कृष्ण की रामसे तुलना नहीं हो सकती। कृष्णने शिव या लक्ष्मी या काली बनने की कभी कोशिश नहीं की। कृष्ण जो कुछ हैं वह हैं, जो नहीं है, वह नहीं है। इस स्पष्टीकरणसे स्पष्ट होगा कि डॉ. रमेश अपने विस्तार और हर चीज तथा हर व्यक्ति बनने के चक्कर में कुछ नहीं बनेंगे और उनके अस्तित्व पर प्रश्नचिन्ह लग जाएगा।

●●

१३

वनवास की प्रतीक्षा

रामायण में, राम को धनुष्य पर प्रत्यंचा चढ़ाने के लिए कहा जाता है। सीता स्वयंवर की यह शर्त थी। लिहाजा, रामने धनुष्य को इतनी शक्तिसे मोड़ा कि वह टूट ही गया। इसके पूर्व कोई उस धनुष्य को उठा तक नहीं पाया था। राम के इस करतबसे सीता के पिता बेहद प्रभावित हुए कि उन्होंने सीता का हाथ उनके हाथ में दे दिया।

हर कोई चकित हैः आज्ञाधारक रामने आखिर इतना मजबूत धनुष्य क्यों तोड़ दिया? यह धनुष्य राज्य का प्राचीन प्रतीक है। वह भार और संतुलन का प्रतीक है। केवल उस समय उपयोगी है जब उस पर प्रत्यंचा चढ़ाई जाए– जो न कसी हुई हो; न ढीली। आदर्श राजा रामने अपनी युवावस्था में

ही धनुष्य को तोड़ दिया इसका निश्चित रूपसे महत्त्व है। यह साधारण धनुष्य नहीं था, वह शिवधनुष्य था, बैरागी का धनुष्य था।

राम के पिता को लगा कि चूँकि अब राम का विवाह हो चुका है, वह इतना वयस्क हो गया है कि राजा बन सकता है और इस तरह उन्होंने अपने वानप्रस्थ के निर्णय की घोषणा की। दुर्भाग्यसे नियोजित राज्याभिषेक नहीं हो सका। राजमहल की राजनीतिने राम को वनवास लेने पर मजबूर कर दिया। क्या धनुष्य तोड़ने और राजा पद ठुकराने के बीच कोई सम्बंध है? धर्मग्रंथ इस बारे में कुछ साफ-साफ नहीं कहता, न किसी विद्वानने इस पर टीका लिखी है। लेकिन यह प्रश्न बड़ा दिलचस्प है। वास्तव में हिंदू पुराणकथाओं में हर चीज बिम्बों के जरिए कही गई है और यहाँ भी इसका अवश्य कोई माने है, जिसके कूट को खोजने की जरूरत है।

राम के शिवधनुष्य तोड़ने के पीछे शायद उत्तेजना और बंधन को काटने का अर्थ हो, क्योंकि शिव तो संन्यास और संहार के देव हैं। क्या इस कारण उन्हें राजा बनने के अयोग्य माना गया? और, क्या इसी कारण उन्हें १४ वर्ष के वनवास में जाना पड़ा और पर्याप्त बंधनमुक्ति पाने के बाद ही लौटना पड़ा? चौदह वर्ष के दौरान रावण वध और पत्नी सीता की मुक्ति के बाद के राम के चेहरे पर दिखाई देनेवाली बंधनमुक्त निष्ठुरता पर गौर कीजिए। रामने सीतासे कहा कि उन्होंने रावण का वध उसे बचाने के लिए नहीं किया; अपितु अपने धर्म के निर्वाह और घराने के सम्मान की रक्षा के लिए किया। जो राजा बननेवाला है उस व्यक्ति के मुँहसे अपनी रानी के लिए इस तरह के उद्‌गार स्वीकार्य नहीं हो सकते। शिवधनुष्य तोड़ा तब एकबार उन्होंने अपनी उत्तेजना दिखाई थी। इस बात को वे फिर नहीं दुहराएँगे।

प्राचीन मनीषी, राजाओंसे इसी तरह की तटस्थता चाहते थे। राजा का पद परिवारसे ज्यादा महत्त्व रखता है। इसी कारण राम को श्रेष्ठ माना जाता है। इस चिंतन को आज शायद कोई न माने, लेकिन यह स्पष्ट है कि रामायण राम के वनवास जाने को दुःखांतिका नहीं मानता; अपितु उसे वह अवधि मानता है जिसमें राम राजा का ताज पहनने के वाकई काबिल हो गए।

वनवास के दौरान ''विकास'' के इसी सिद्धांत को महाभारत में भी दुहराया गया है। कृष्णने पांडवों को इंद्रप्रस्थ में राज्य स्थापित करने में सहायता की। लेकिन, कृष्ण की अनुपस्थिति में पाँचों भाई मूर्खतावश राज्य ही द्युत में हार गए। इस अपराध के लिए उन्हें तेरह वर्ष का निर्वासन भोगना पड़ा। युधिष्ठिर अपने भाग्य पर विलाप करने लगा तब ऋषियोंने उसे राम की कहानी सुनाई- राम को तो उनसे एक वर्ष ज्यादा अर्थात चौदह बरस का निर्वासन भोगना पड़ा और वह भी बिना किसी चूक के। ऋषियोंने पांडवोंसे कहा कि वे विलाप छोड़ दें और वनवास के इस समय का शिक्षित होने में सदुपयोग करें। और, उन्होंने शिक्षा पाईः अर्जुनने नम्रता सीखी; जब उसे एक मामूली दिखनेवाले शिकारी (भेस बदले शिव)ने युद्ध में पराजित कर दिया, भीमने भी विनय सीखा; जब वह एक वृद्ध बंदर (भेस बदले हनुमान) की पूँछ भी नहीं उठा सका और सब भाई जब अंतिम एक वर्ष के अज्ञातवास में सेवक थे तब उन्होंने विनम्रता सीखी। इसके बाद ही कृष्णने पांडवों का महायुद्ध में सारथ्य किया।

कार्पोरेट दुनिया में कुछ अनोखा करनेवाले अधिकांश नेताओंने निर्वासन का वनवास स्वयं भोगा है। किसी भी सीईओ (मुख्य कार्यकारी अधिकारी), अथवा सफल उद्यमीसे पूछिए, और वे आपको कार्पोरेट दुनिया के वनवास में बिताए उन बरसों के बारे में बताएँगे जब कोई उनका आदर नहीं करता

था, उन्हें हमेशा दबाया जाता था और उन्हें देय बातें भी नहीं दी जाती थीं, कमजोर लोग उन्हें अधिकारोंसे दूर रखते थे; क्योंकि वे उनसे भयभीत रहते थे। वे आपको ऐसे समय के बारे में बताएँगे जब उन्हें नाकारा या बदतर समझा जाता था। दुर्भाग्यसे, कई नेता इस कार्पोरेट वनवास को सकारात्मक रूप में नहीं लेते। इससे वे कठोर और अधिक असुरक्षित महसूस करते हैं। राखसे पुनः जन्मे देदीप्यमान पौराणिक अमर पक्षी (फीनिक्स) बनने की अपेक्षा वे बरगद का वृक्ष बन जाते हैं, सब को छाँव देते हैं; लेकिन घास के एक कतरे को भी अपनी छाँव में बढ़ने नहीं देते।

ऐसा पाया गया है कि मध्यम आकार की कम्पनी का नेता अपनी टीम के हर सदस्य को यह आभास दिलाता है कि वह अधिकारोंसे सन्नद्ध है। लेकिन, सच्चाई यह होती है कि वह नेता ही एकमात्र निर्णय करनेवाला होता है। उसने चाणाक्ष लोगों का समूह नहीं बनाया जो कमान की दूसरी पंक्ति बन सकें। उनसे पूछिए क्यों, तो वह इस प्रकट सच्चाई को स्वीकार करनेसे इनकार करेगा। संभव है, वह इससे परिचित तक न हो। किसी समय वह विकास की संभावनाओंवाली अन्य कम्पनी के विपणन विभाग का प्रमुख था। लेकिन जब नए सीईओने कमान सम्हाली, ऊँचा दिखनेवाला कमजोर पद थमाकर तीन साल के लिए दूरस्थ देश में भेज दिया। कार्पोरेट वनवास के इन तीन वषाफने उसे हिला दिया। वह कठोर और आक्रामक हो गया, फिर संघर्ष करने और विजयी होने का दृढ़निश्चय कर लिया। क्रोध में उसने संगठन छोड़ दिया और नई कम्पनी में आया और अब, बरसों के संघर्ष के बाद, एक बृहद् संगठन का प्रमुख है और जिन्होंने उसे निकाल बाहर किया था उनके मुकाबले बेहतर स्थिति में है। अब वह विजय का हर क्षण भोग रहा है। इसे उसने उन लोगों को भी दिखाया!

लेकिन इस घटनाने अपना शिकार कर लिया– कभी उदार रहा वह अब नहीं रहा। हरेकसे उसे संभाव्य खतरा महसूस होता, हर व्यक्ति उसे भविष्य में पीठ में छुरा घोंपनेवाला लगता। उसके कायाफ और संगठन पर उसके प्रभावसे उसके होने का मतलब समझा जा सकता था। उम्मीद के अभाव में संघर्ष के दिनों में उसे इस बात का अंदाजा ही नहीं लगा। कभी वह पीड़ित था, अब पीड़ा पहुँचानेवाला हो गया और इस तरह वनवास और प्रतिशोध का कुचक्र शुरू हो गया।

धर्मग्रंथों में इस तरह के अधु-दृष्टिवाले लोगों पर टीका है। उनमें चरित्र की खामी होती है, विशाल परिदृश्य के प्रति विश्वास की कमी होती है। दोनों ग्रंथ वनवास को आत्मबल प्राप्त करने और महान व्यक्ति के रूप में लौटने का अवसर मानते हैं। यदि राम वनवास में नहीं जाते तो रावण पर विजय नहीं पाते और पांडव वनवास में नहीं जाते तो अपने दुश्मनों के खिलाफ उनमें मनोबल की कमी होती। अंत में, दीर्घावधि तक गौरवशाली शासन करने के बाद राम और पांडवोंने स्वेच्छासे वानप्रस्थ स्वीकार कर लिया, राजपाट नई पीढ़ी को सौंप दिया जिससे साबित होता है कि एक दिन हर नेता को विदा लेनी ही होती है।

●●

१४

जंगल के कानून

भागवत पुराण के अनुसार, एक दिन पृथ्वी–देवीने गाय का रूप ले लिया और आँखों में आँसू लिए विष्णु के पास पहुँची और शिकायत की कि पृथ्वी के राजागण किस तरह उसका दोहन कर रहे हैं। मानवी लालच के कारण उसके थन इतने निचोड़े गए कि वे सूज गए हैं। विष्णुने सब कुछ ठीक करने का आश्वासन दिया और कृष्ण के रूप में धरती पर अवतार लिया।

लेकिन, महाभारत में कृष्ण पांडवों को वन में आग लगाने के लिए कहते हैं। पांडवोंने जब पैतृक सम्पत्ति में अपना हक माँगा तो उन्हें उनके चाचाने खांडवप्रस्थ के रूप में वन प्रदान किया। वृक्षोंने जैसे ही आग पकड़ ली वैसे ही वन के पशुपक्षियोंने अपने बचाव के प्रयास शुरू किए। कृष्णने अर्जुनसे

रथसे व्यूह बनाने और हर भागनेवाले पशुपक्षियों को खत्म करने का निर्देश दिया। इस तरह सैकड़ों वनचरों का संहार हुआ। शेष जीवित जल गए। नागने वर्षा के देवता इंद्रसे सहायता माँगी। कृष्णने फिर अर्जुनसे कहा कि आकाश पर अपने तीरोंसे आच्छादन बना दें ताकि वर्षा की बूँदें नीचे लगी आग की ज्वालाओं को न बुझा सकें। माया नामक असुर के अलावा कोई नहीं बचा। इस शर्त पर उसे बचा लिया गया कि वह आग के कारण साफ हुई भूमि पर पांडवों के लिए इंद्रप्रस्थ नामक सुंदर विशाल नगर बनवाएगा, जो बाद में वाकई विश्व का सबसे सुंदरतम नगर बन गया।

एक ओर विष्णुने पृथ्वी को मानवोंसे बचाने का आश्वासन दिया और दूसरी ओर पृथ्वी को क्षति पहुँचानेवाली गतिविधियों में स्वयं कृष्ण शामिल हुआ। ये क्या हो रहा है?

इन दो कहानियोंसे मानवी सभ्यता के स्वरूप और नेतृत्व तथा संगठन के अनकहे पहलू का पता चलता है एवं वह है अधिकार की शक्ति।

प्रकृति स्वाभाविक रूपसे जंगली है- अपने तरीकेसे ही चलती है। प्रकृति की व्यवस्था जीवनरक्षा के खेलसे जुड़ी हुई है। हर जीव अपने आप में चलता है। बल अथवा मक्कारी के जरिए हर पौधा तथा पशु अपने लिए जगह बना सकता है। जो प्रतिरोध का सामना नहीं कर पाते अथवा अवसर का लाभ नहीं उठा पाते वे स्पर्धासे बाहर हो जाते हैं और नष्ट हो जाते हैं। एक ओर प्रकृति उदार है कि बलवान को पूरी आजादी और सारी सुविधाएँ देती हैं और दूसरी ओर कमजोर की मदद की अवहेलना करती है।

मानवी दिमाग इस तरह की बातों को स्वीकार नहीं करता। मनुष्य के पास प्रकृति के नियमों को संशोधित करने की इतनी शक्ति है कि जीवन अधिक आशावान व सुरक्षित हो सकता है तथा जीवनरक्षा के परे भी दृष्टि रखी जा सकती है। पांडवोंने राजा बनने की इच्छा प्रकट की, जिसका अर्थ यह है कि घटनाओं की स्वाभाविक अवस्था स्वीकार करने के लिए वे तैयार नहीं थे। वे प्रकृति को अपना बनाना चाहते थे ताकि सभी जीव नियमों- उनके बनाए नियमों- के तहत चलें। इसका अर्थ यह है कि अन्य सभी नियमों और कानूनों को नष्ट करना होगा।

प्रकृति के दो अंग हैं: बुद्धि (आंतरिक स्वभाव) और वन (बाह्य स्वभाव)- दोनों को अधीन करना होता है। राजा इस बात को कायम करता है कि उसकी प्रजा की बुद्धि अनुशासित और उसकी विचारधारा के अनुकूल रहे। वह इसे तर्क, पुरस्कार, दण्ड और निरंतर प्रबोधनसे कायम करता है। जंगल के लता-पौधें नष्ट किए जाते हैं ताकि खेतों और बागानों तक रास्ता रहे, जहाँ केवल राजा द्वारा चयनित बीज ही बोये जाएँगे। राजा की जमीन पर उगने का प्रयास करनेवाले अन्य पौधों को जंगली मान कर काट कर फेंक दिया जाएगा। एक संस्कृति पैदा हो गई जहाँ यह स्पष्ट है कि कौनसी बात स्वीकार होगी और कौनसी नहीं, क्या सही है और क्या गलत है। इस तरह के फैसलों का आधार व स्वरूप राजा तय करता है।

एक तरहसे राजा तथा नेता अच्छी बात कर रहा है। वह कानून बनाकर अपनी प्रजा के लिए स्रोत व अवसर उपलब्ध करा रहा है, लेकिन दूसरी ओर वह आजादी खत्म कर रहा है या कमसे कम उसे नियंत्रित तो कर ही रहा है। राजा के पास इस नाजुक रेखा पर चलने के अलावा अन्य कोई विकल्प नहीं होता।

महाभारत में वनवास के दौरान ऋषियोंने पांडवों को शिबी के राजा उशीनारा की कहानी सुनाई। एक दिन, एक फाख्ता (कबूतर की एक प्रजाति) राजा के पास पहुँचा और रक्षा की माँग करने लगा। राजाने उसकी सुरक्षा का वचन दिया। उसी समय एक बाज फाख्ता का पीछा करते हुए राजा के पास आया और पूछा, ''फिर मैं अपनी भूख कैसे शांत करूँगा?'' राजाने बाजसे कहा कि इसे छोड़कर वह और किसी फाख्ता को खा लें। बाजने कहा कि यह अन्याय है- राजा का वचन निभाने के लिए अन्य फाख्ताओं को क्यों बलि दिया जाए? राजाने बाजसे अन्य पक्षी अथवा पशु लेने के लिए कहा। बाजने कहा, यह भी अन्याय है। राजा का वचन निभाने के लिए अन्य पक्षियों या पशुओं की बलि क्यों ली जाए? इसके बाद राजाने कहा, ''मुझे खा लो'' और अपने शरीर का मांस काटकर प्रस्तुत करने लगा। मांस के टुकड़े तराजू पर रखे जाने लगे ताकि अभय प्राप्त फाख्ता के वजन के बराबर का मांस बाज को दिया जा सके। राजा को आश्चर्य हुआ कि फाख्ता इतना भारी था कि उसके शरीर का मांस ही लगभग खत्म हुआ।

यह कहानी इस तरहसे पेश की गई है कि राजा की उदारता और त्याग के मूल्य की प्रशंसा हो सकें। लेकिन इस कहानी की चतुराई रेखांकित करने लायक है। प्रकृति में, बाज फाख्ता को शिकार बनाते हैं। प्राकृतिक कानून में दया के मानवी मूल्यों को पिरोकर राजा बाज या फाख्ता दोनों को खुश नहीं कर सकता था। या तो फाख्ता को मरना होगा या बाज को भूखा रहकर मरना होगा। चूँकि दोनों बातें स्वीकार्य नहीं हैं, राजा को मरना होगा। यदि राजा बचें तो किसी का फायदा होगा और कोई पीड़ित होगा। राजा के अधिकार में हर कोई खुश नहीं हो सकता- या तो पशु जिंदा रहेंगे या नगर जिंदा रहेगा। खांडवप्रस्थ जलाकर इंद्रप्रस्थ बनाते समय पांडवों को यह कठोर सीख मिली।

यह कहते हुए धर्मग्रंथ वेणा नामक ऐसे राजा की कहानी दुहराते हैं, जिसने जबरन पृथ्वी को चुरा लिया था और ऋषियों को घास के कतरे को अभिमंत्रित कर निर्मित प्रक्षेपास्त्रसे राजा को बलात् मारना पड़ा। बाद में राजा की अर्थी को मथा गया। उससे नकारात्मक पहलू हटा दिए गए और शुद्ध श्रेष्ठ राजा प्रिथु अवतरित किया गया। देवताओंने नया धनुष्य देकर प्रिथु को नया राजा घोषित किया। पृथ्वी अब भी वेणा के प्रभाव में थी और बीजों को अंकुरित, फलने-फूलने और फलदार नहीं होने दे रही थी। गाय का रूप लेकर पृथ्वी भागने लगी, प्रिथुने रथ पर सवार हो और हाथ में नया धनुष्य लेकर उसका पीछा किया। गाय बनी पृथ्वीने कहा, ''यदि आप मुझे मारेंगे तो सारा जीवन नष्ट हो जाएगा।'' यह सुनकर प्रिथुने अपना धनुष्य नीचे रख दिया और जीवों को बचाने का अनुरोध किया। ग्वाला जिस तरह गाय की रक्षा करता है वैसे ही पृथ्वी की रक्षा करनेवाला राजा बनने का उसने वचन दिया। वह उससे स्नेह करेगा, उसकी रक्षा करेगा और पालन करेगा। इसके बदले उसे दूध और गोबर दिया जाए, जो मानवी सभ्यता के लिए अन्न व ईंधन बनेगा। वह गो-माता होगी और वह गो-पाला।

इस तरह प्रिथु समझ गया कि उसे देवताओंने पृथ्वी को प्रताड़ित करने या उसे वश करने या उसके वन को नष्ट करने के लिए धनुष्य नहीं दिया है; बल्कि संतुलन के महत्त्व को समझने के लिए दिया है। यदि प्रत्यंचा ढीली हो तो धनुष्य बेकाम है, यदि प्रत्यंचा बहुत तंग हो तो धनुष्य टूट जाएगा। इसी

तरह राजा को संतुलन बनाए रखना होता है– प्रकृति पर नियंत्रण करने और उसे वश में करने की अपनी इच्छा तथा प्रकृति को यथावत् रखने और उसके मुक्त संवर्धन के बीच। अच्छे राजा को पता होता है कब रुकना हैः वन का कितना हिस्सा जलाया जाए और कितना बचाया जाए। कितने को नियंत्रित रखें और कितने को मुक्त रखा जाए।

●●

१५

सामान्य कार्पोरेट संस्कृति–आस्थासे एक कदम आगे

कार्पोरेट दुनिया के अधिकांश लोग आधुनिक शिक्षा प्रणाली में शिक्षित हैं। वे स्कूलों में भाषा, गणित, विज्ञान, इतिहास और भूगोल सीखे हैं। बाद में उन्होंने कॉलेज में जाकर विज्ञान या कला या वाणिज्य संकाय में विशेष ज्ञान प्राप्त किया है। फिर भी, मानकीकृत शिक्षा प्रणाली के बावजूद तुलनात्मक रूपसे हर कोई अलग है।

क्या इस अंतर का कोई महत्त्व है? क्या हम उनकी योग्यता, उनके ज्ञान और कौशल पर ही केवल ध्यान दें और संस्कृति के प्रभाव को नजरअंदाज कर दें? भिन्न संस्कृतियाँ विश्व को भिन्न नजरोंसे देखती हैं। और, इसका जीवन और काम के प्रति रुख पर प्रभाव पड़ता है। मिसाल के तौर पर आधी दुनिया,

मौत के बाद पुनर्जन्म पर विश्वास करती है। शेष आधा हिस्सा मौत के बाद किसी जीवन पर विश्वास नहीं करता। आधा हिस्सा जीवन को भाग्य पर निर्भर मानता है। दूसरा आधा हिस्सा मानता है कि जीवन कर्म पर निर्भर है।

कौन सही है? क्या विश्वास की ऐसी प्रणालियों का हमारे दैनंदिन बर्ताव पर असर पड़ता है? क्या जो भाग्यवाद पर विश्वास करता है उसकी प्रेरणा भी वही होगी जो कर्म पर पर भरोसा करनेवाली की होगी? अधिक प्रेरणा की भावना किसमें होगी– उनमें जो मानते हैं कि केवल एक ही जीवन होता है और यह एकमात्र अवसर है अथवा उनमें जो यह मानते हैं कि यह केवल एक जन्म है और अनेक जन्म अभी जीना है? उनकी कहानियाँ में संस्कृतियों की भिन्नता झलकती है।

प्राचीन यूनानी पौराणिक ग्रंथों– इलियाद और ओडिसी– में क्रमशः अचीलीज और ओडिशियस नामक नायकों की कहानियाँ आती हैं। दोनों पर देवताओं का कोप होता है और फलस्वरूप उन पर संकट के पहाड़ टूट पड़ते हैं। इलियाद में, अपोलो यूनानी फौज पर रुग्ण बनानेवाले तीर छोड़ता है और घटनाओं की ऐसी शृंखला बन पड़ती है कि वीरतासे लड़नेवाले अचीलीज को भी युद्ध के मैदानसे हट जाना पड़ता है।

ओडिसी में, समुद्री देवता पोसीदान ऐसा तूफान उपस्थित करता है कि ओडिशियस का घर आना दस सालसे टलता है। दोनों मामलों में, नायक एकाग्रता और दृढ़निश्चयसे सारी बाधाओं पर विजय प्राप्त कर लेते हैं। देवता उन्हें रोक नहीं पाते। दोनों धर्मगंथों में ईश्वर द्वारा तय सीमाओं के आगे न झुकने की मनुष्य की लगन को महिमामंडित किया गया है। महानता नियम को लाँघने में है। इन यूनानी धर्मग्रंथों में व्यक्तिगत बुद्धिचातुर्य को प्रोत्साहित किया गया है, जो आज पश्चिम में मान्यताप्राप्त अवधारणा है।

पश्चिम एक और महान धर्मग्रंथ– बाइबल–से प्रभावित है। बाइबल की कहानियाँ पूर्व और मध्यपूर्व में यहूदियों, ईसाइयों और मुस्लिमों की साझा विरासतसे उपजी हैं। इन कहानियों में देवताएँ नहीं हैं। केवल एक सर्वशक्तिमान ईश्वर (एकक और सर्वश्रेष्ठ) है।

देवताओं की तरह इस ईश्वर को आदमीसे खतरा नहीं है; वह आदमीसे स्नेह रखता है। मनुष्य जब अपनी ही करतूतोंसे खत्म हुआ तब ईश्वरने स्वर्गसे आदमी की उत्पत्ति की। ईश्वर को शरण आने पर ही उसका आशीर्वाद मिलता है। यूनानी मार्ग की तरह ईश्वर के नियमों को लाँघनेसे नहीं, अपितु उनका पालन करनेसे महानता प्राप्त होती है। अब इसकी तुलना हिंदुओं के धर्मग्रंथों– रामायण और महाभारत–से कीजिए।

ये कहानियाँ किन्हीं व्यक्तिगत नायकों की कहानियाँ नहीं हैं। ये पारिवारिक नाट्य हैं, गृहस्थों की कहानियाँ हैं, ऐसे व्यक्तियों की कहानियाँ नहीं हैं जो घरसे दूर रह कर कोई अनोखा साहसिक कार्य करते हैं। ये कहानियाँ हैं रिश्तेदारों की– भाइयों की, बहनों की, पिताओं की, माताओं की, पतियों की, पत्नियों की, पुत्रों की और पुत्रियों की।

इन कहानियों में देवतागण (देव) और परमेश्वर (भगवान) हैं। इनमें देवियाँ (सखी और गंगा) और परमदेवियाँ (लक्ष्मी, दुर्गा) हैं। यहाँ नायक परमेश्वर ही हैं। लेकिन वह भी मर्त्य है। ईश्वर यहाँ व्यक्ति के लिए संकट पैदा करनेवाला या आदमी के लिए नियम बनानेवाला

नहीं है; बल्कि वह तो यह सीख देता है कि व्यक्ति को जीवन की समस्याओंसे किस तरह निपटना चाहिए।

दोनों धर्मग्रंथों का दिशारुझान पृथक है। रामायण का नायक राम नियम का पालन करने के लिए हर चीज दाँव पर लगा देता है, जबकि महाभारत का नायक कृष्ण नियमों को लाँघते रहते हैं। दोनों ''धर्म'' के नाम पर नियमों का पालन या उल्लंघन करते हैं। ''धर्म'' का यहाँ माने है स्थैर्य, व्यवस्था, न्याय-परायणता।

दोनों के दिशारुझानों में भिन्नता है। दोनों का कालक्रम भी भिन्न हैं- राम त्रेता युग में हुए, जबकि कृष्ण द्वापार युग में। दोनों समय के संदर्भ भिन्न हैं, लेकिन धर्म भी स्थिर नहीं है। दुनिया भी नष्ट होगी। मृत्यु के बाद पुनर्जन्म होगा; एक और दूसरी दुनिया, एक और त्रेता युग तथा एक और द्वापार युग- एक और राम तथा एक और कृष्ण के साथ।

यूनानी धर्मग्रंथ और बाइबल दोनों मानते हैं कि जीवन एक ही बार मिलता है, एक ही बार जीना है; यूनानियों के हिसाबसे एक ही बार व्यक्ति को सफल होना है, जबकि यहूदी, ईसाई और मुस्लिम सामूहिक समर्पण के आगे झुकते हैं। हिंदुओं की तरह बौद्ध और जैन भी कई जन्मों को मानते हैं। हर चीज का चक्र होता है और वह फिरसे दुहराई जाती है। इस जीवनचक्र का अर्थ है फिर लौटना और जीना।

क्या इन संस्कृतियों का कार्पोरेट दुनिया में कोई माने है? इसका माने इसलिए है कि हम सभी इन संस्कृतियों में मथकर आए हैं। समय के साथ ये संस्कृतियाँ एक-दूसरी में झाँकती रहीं और आपस में घुल-मिल गईं। इस तरह सभी संस्कृतियों का कुछ न कुछ हममें मौजूद है। आप जरा तार्किक और निजी तौर पर सोचें तो पता चलेगा कि यूनानियोंने इन वैचारिक बीजों को हमारे दिमाग में बोया है।

जब आप वरिष्ठताक्रम को नकारते हैं, समाज को स्वीकारते हैं और जिसके लिए सभी समान हैं उस सर्वोच्च यथार्थ के प्रति समर्पण करते हैं तो आप बाइबल की परम्पराओं को स्वीकार करते हैं। जब आप प्रासंगिकता पर आते हैं तो हिंदुओं के विचार स्वीकार करते हैं। चीनियोंने दुनिया को समरसता (ताओ) के मूल्य और विधि-विधानों और अनुशासन (कंफ्यूशियस) के जरिए बदलाव की आवश्यकता को निरूपित किया।

कुछेक विधान अन्य के मुकाबले अधिक हावी हैं। यह बात साफ है कि सामान्य कार्पोरेट संस्कृति कायम करने की भरसक कोशिश करने के बावजूद विभिन्न देशों में स्थित एक ही बहुराष्ट्रीय कम्पनी (एमएनसी) के कर्मचारियों के बर्ताव में भिन्नता दिखाई देती है। नेता भले हार्वर्ड का एमबीए हो- फिर भी यह बात माने रखती है कि वह काला है या गोरा, ईसाई है या मुस्लिम, भारतीय है या नेपाली, विलासी है या सादगीभरा, बंगाली है या तमिल, ब्राह्मण है या दलित। कार्य और जीवन के प्रति वैश्विक ग्राम का एक-सा दृष्टिकोण नहीं है। और, जरूरी नहीं कि यह बात बुरी हो।

●●

१६

नेता के नेत्र

ईश्वर भले ही भावनात्मक अवधारणा हो; लेकिन आम आदमी के लिए इस भावनात्मक अवधारणा का कोई स्वरूप जरूरी होता है। इसी कारण प्राचीन काल में लोग पत्थर को देवतारूप मानते थे। यही कारण है कि, जब हम भारत की यात्रा करते हैं तब जगह–जगह स्थानीय देवताओं या देवियों के पूजास्थान पाते हैं, वहाँ कोई स्वरूपविशेष नहीं होता, वे मात्र सिंदुर, हल्दी या गुलाल चढ़े पत्थर होते हैं। यह कोई वास्तविक स्वरूप नहीं होता। कई स्थानों पर वास्तविकता प्रदान करने के लिए इन पत्थरों में विशाल पंखुरीनुमा– अमुमन धातु की– आँखें उकेरी जाती हैं। गर्भगृह का दरवाजा खुलने और बंद होने तक ये आँखें भक्त को तकती रहती हैं। सामान्य मूर्ति को देवता के रूप में

प्राणप्रतिष्ठित करनेवाली विधि को ''नेत्रप्रतिष्ठा समारोह'' कहा जाता है। एक बार आँखें लगा देने या खोल देनेसे देवता प्राणप्रतिष्ठित हो जाती है। मूर्ति को स्वरूप प्राप्त हो जाता है; देवता की जीतीजागती प्रतिमा बन जाती है। आँखों का इतना महत्त्व क्यों है? आँखें करती क्या हैं? और, आँखों की तुलना जीवनसे क्यों की जाती है?

आँखें लगा देनेसे मूर्ति चेतनामय हो जाती है- उसके समक्ष उपस्थित दुनिया को जान लेती है, देख लेती है और प्रतिसाद देती है। नेत्रप्रतिष्ठा विधि हमें मानव और मूर्ति को स्थापित करनेवाले भक्तों के बारे में महत्त्वपूर्ण बातें बताती हैं। हम कृपादृष्टिवाले नेत्र चाहते हैं। हम चाहते हैं कि हमारी देवताएँ हमें देखें, हमें जानें और हमें समझें। बिना नेत्रों के उन्हें हमारे दुःखदर्द, हमारी अभिलाषाएँ और हमारे संकट कैसे दिखेंगे? हम ईश्वरसे सतत कहते हैं कि वह आँखें खोलें, हमारी पीड़ा को देखें और हमारी सहानुभूति में कमसे कम दो आँसू भी बहाएँ। नेता उस ग्रामदेवता या देवी की तरह होना चाहिएः उसे ऐसे नेत्र होने चाहिए जो टीम पर नजर रखें और उन्हें समझें, क्योंकि वे उसीके लिए हैं।

महाभारत में ऐसे साम्राज्य की कहानी है, जिसका राजा और रानी देख नहीं सकते थे। महाराजा धृतराष्ट्र जन्मांध हैं और महारानी गांधारीने आँखों पर सदा के लिए पट्टी बाँध रखी है। परिणामः बच्चों पर नजर नहीं रही। पिता देख नहीं सकते थे; माता देखना नहीं चाहती थी। बच्चे बिगडैल माहौल में बढ़े। चूँकि उन पर किसी की नजर नहीं थी, इसलिए उन्हें लगता था कि वे चाहे जो कर सकते हैं। इसी कारण धृतराष्ट्र के राज में जंगल का कानून चला। महिला का वस्त्रहरण किया गया और जमीन बलपूर्वक हड़पी गई।

नेता को अपने लोगों पर नजर रखनी ही चाहिए। उनसे क्या अपेक्षा है इसके मुकाबले वे कौन हैं इसे जानना चाहिए। अक्सर नेताओं की आँखें नहीं होतीं- अथवा उनकी नजर अपने-आप पर ही केंद्रित होती है। उनके नेत्र केवल उनकी नजरियासे दुनिया देखनेवाले होते हैं। वे इस बात को नहीं मानते कि उनके आसपास ऐसे भी लोग हैं जो जीवन के बारे में उनसे अलग नजरिया रखते हैं। दृष्टिहीन के पास दृढ़ता नहीं होती। हर चीज को वे अपनी दृष्टिसे ही तौलते और मूल्यांकित करते हैं। जो अपने दृष्टिकोण पर दृढ़ रहते हैं वे अच्छे हैं; और जो नहीं रहते वे बुरे हैं। चतुर नेता चतुराईसे काम करते हैं और इसीलिए उन लोगों पर गौर करते हैं जो चतुर नहीं हैं। भावुक नेता अपनी टीम के गैर-भावुक सदस्योंसे कहते हैं कि वे अपनी बेहतरी के लिए बदलें। लक्ष्यकेंद्रित नेता जनोनुकूल टीम सदस्यों को कोई महत्त्व नहीं देते और जनोनुकूल टीम सदस्य लक्ष्यकेंद्रित नेता को घास नहीं डालते। दूसरे शब्दों में, वे अपने सिवा कुछ नहीं देखते और दूसरों में अपने को लगातार आरोपित देखना चाहते हैं। वे अन्य किसी को नहीं देखते।

अजीज जानता है कि नेत्रहीन बॉस के होने का क्या मतलब है। दुर्भाग्यसे, परिस्थिति के कारण वह बारहवींसे आगे नहीं पढ़ सका। एक व्यक्ति उसे परिधान (गामफट) कारखाने में ले आया। कारखाने के मालिक- जयचंद साब-ने उसे टेलीफोन आपरेटर की नौकरी दे दी; क्योंकि वह अँग्रेजी बोल लेता था। अजीज के पास यह नौकरी स्वीकार करने के अलावा कोई चारा नहीं था। लेकिन कुछ ही हफ्तों में मात्र टेलीफोन पर पूछताछ के जवाब देते-देते ही परिधान व्यवसाय के बारे में हर

चीज वह जान गयाः वह जान गया कि कहाँसे माल आता है, कहाँसे वित्त पोषण होता है, ग्राहकों को कौन-सा माल चाहिए, परिधान उद्योग की क्या समस्याएँ हैं, कौन प्रतिस्पर्धी हैं। जब- जब भी वह जयचंद साबसे व्यवसाय को बढ़ाने के उपाय के बारे में बात करता, जयचंद साब उसकी कोई बात नहीं सुनते; क्योंकि उनके लिए अजीज तो ''बारहवीं पास अँग्रेजी बोलनेवाला टेलीफोन आपरेटर है।'' इससे दृष्टिहीन बने जयचंद साब अजीज की दृष्टि, उसका रहन-सहन, बर्ताव, उसके विचार, भावना को ही नकारते रहे। उन्होंने उनके समक्ष मौजूद व्यक्ति पर नजर नहीं डाली और न कभी उस पर दृष्टिपात करने की कोशिश की।

एक दिन जयचंद साब के बेटे-कृष्णचंद- पिता की मदद के लिए दफ्तर में आए। कृष्णचंदने महसूस किया कि अजीज दूसरे कर्मचारियोंसे भिन्न है। हर सवाल का जवाब उसके पास है। इसका अर्थ वह सबकुछ जानता है, लेकिन क्या वह कल्पना कर सकता है? मालिक का पुत्र अजीज को दोपहर के भोजन के लिए अपने साथ ले गया। यह अविस्मरणीय भोजन रहाः उन्हें अजीज के बुद्धिचातुर्य का पता चला। अजीज के पास कल्पनाशक्ति और सृजनशीलता, समस्याओं को भाँपने और उनके अनोखे समाधान खोजने की क्षमता थी। वह इस नई खोज के बारे में अपने पिता को बताने के लिए बेहद उत्सुक हो गया। लेकिन, जब वह दफ्तर लौटा तब पिता जयचंद आगबबूला हो गए और उसे डपटते हुए कहने लगे, ''कर्मचारियोंसे इतनी नजदिकी न बढ़ाओ!'' वह अपने पिता को जानता था और उनका सम्मान रखने के लिए कृष्णचंद मौन ही रहा। लेकिन, उसे लगा कि उसके पिता कितने दृष्टिहीन हैं। उसने अपने पिता को दोष नहीं दियाः वह याद करता रहा कि पिताने पिछली बार उससे वाकई कब बात की थी? कृष्णचंद को लगा कि एक दिन कारोबार तो उसे ही सम्हालना है। उस दिन वह अजीज को अपना दाहिना हाथ बनाएगा चाहे उसकी शैक्षणिक योग्यता कुछ भी हो।

गुणवान लोगों को पहचानने और उनका संवर्धन करने का गुण सम्बंधित संगठन के नेता माने जानेवाले लोगों में अक्सर नदारद दिखाई देता है। कुछ नेता गुणवानों को पहचानते हैं, लेकिन नहीं जानते कि उनका क्या करना है। अन्य कुछ नेता, गुणवानोंसे मत्सर करते हैं और जानबूझकर उन्हें दुत्कारते हैं या उनकी अवहेलना करते हैं। महाभारत में कर्ण का चरित्र ध्यान देने लायक है। अजीज को जिस तरह ''बारहवीं पास, अँग्रेजी बोलनेवाले, टेलीफोन आपरेटर'' के रूप में ठुकराया गया उसी तरह कर्ण को सारथी के पुत्र के रूप में देखा गया और पांडवोंने उसे कभी श्रेष्ठ धनुर्धार नहीं माना। केवल दुर्योधनने कर्ण के गुणों को पहचाना, लेकिन दुर्भाग्यसे उसका उपयोग अपने खलनायकी इरादों के लिए किया। मुख्य धारासे ठुकराए गए लोगों के साथ ऐसा ही होता है और वे गलत हाथों में पड़ जाते हैं। फिर क्रोध और निराशा में वे अवांछित कर बैठते हैं।

उपनिषदों में कहा गया है कि हमारे चक्षु ही हमारे दृष्टिकोण का सृजन करते हैं। हम स्वयं अपने चारों ओर की दुनिया निर्माण करते हैं। इस तरह ग्रामदेवता की आँखें ही उसके आसपास के ग्राम का निर्माण करती हैं। इसी तरह नेता के नेत्र अपने चारों ओर के संगठन का निर्माण करते हैं। धृतराष्ट्र की दृष्टिहीनता और उनकी पत्नी के देखनेसे इनकार करने के कारण ही कौरवों का निर्माण हुआ। यह बात दृष्टि के बारे में नहीं, दृष्टिपात के बारे में है- हमारे चारों ओर जो लोग

हैं उनके प्रति हम कितना ध्यान देते हैं। हम चाहते हैं कि ईश्वर हम पर दृष्टि बनाए रखें और हमारा ध्यान रखें। क्या हम अपने साथवाले लोगों पर दृष्टि रखते हैं और उनका ध्यान रखते हैं? क्या उनकी दृष्टिसे भी हम देखते हैं? क्या हम हमारी दृष्टि का उनकी दृष्टिसे तालमेल करने की कोशिश करते हैं अथवा अपनी दृष्टि उन पर थोपते हैं? नेताओं को इन सवालों के बारे में अपने नेत्र खोलने चाहिए।

●●

१७

रावण की सामरिक रणनीति

दस सिरों, बीस हाथों, वायु रथ और स्वर्ण नगरी का मालिक रावण हिंदू पुराण कथाओं में सर्वाधिक जीवंत और हठी खलनायक है। उसने राम की पत्नी सीता का अपहरण किया और इसके लिए उसे जान गँवानी पड़ी। रावण रामायण का राक्षसराज है, जिसका पुतला हर वर्ष दशहरे के दिन राम की विजय के उपलक्ष्य में अवश्य जलाया जाना चाहिए।

फिर भी, मानना पड़ेगा कि रावण गुणी भी था– वह बैरागी देव शिव की आराधना में रचे गए रुद्र स्त्रोत्र का रचियता कवि है, वह संगीतकार है जिसने शिव के सम्मान में अपना एक सिर और एक हाथ सितार– रुद्र वीणा– के निर्माण के लिए समर्पित कर दिया। जब हनुमान सीता की खोज में लंका

में आए तब उन्होंने पाया कि राक्षसराज शयन कर रहे हैं और ऐसी सुंदरियों- महिलाओंसे- घिरे हैं जो रावण की बलवती वासनासे मोहित होकर अपने पतियों को स्वेच्छासे छोड़ चुकी हैं। अगस्त्य ऋषिने राम को बताया कि रावण मात्र अर्ध-राक्षस हैः उसके पिता वैश्रव, ब्राह्मण थे। वैश्रव के पिता पुलत्स्य थे, जो ब्रह्मा की सात मानस-संतानों मेंसे एक थे। अतः रावण के वध के बाद और अयोध्या जाने के पूर्व रामने हिमालय में जाकर प्रायश्चित्त किया और बह्म-हत्या अर्थात ब्राह्मण की हत्या का पापक्षालन किया।

तुलनात्मक दृष्टिसे राम कड़ाईसे नियमों पर चलनेवाला उबाऊ चरित्र लगता है, जो उत्स्फूर्त या अनोखा कुछ नहीं करता। वह हमेशा सही चीज ही करता है, चाहे उसे पसंद हो या न हो, रंजक हो या न हो। अतः रावण प्रिय लगना, उसकी शक्तिसे प्रभावित होना, उसके करिश्मेसे अभिभूत होना और उसके काम को न्यायोचित ठहराने के तकाफ को मानना स्वाभाविक लगता है।

कार्पोरेट दुनिया में उत्स्फूर्त और दृढ़ सीईओ (मुख्य अधिशासी अधिकारी) की ओर अधिक ध्यान जाता है, विशेष रूपसे तब जब वे सफल हों और उछलते शेयर बाजारों पर सवार होकर अपनी स्वर्ण नगरी का निर्माण करनेवाले हों। ये सीईओ जिस चमकीली कार में चलते हैं, जिस तरह का जीवन जीते हैं उससे और उनके दबंग रौब, उनके आत्मविश्वास, उनके व्यक्तित्व की आभासे हम चौंधिया जाते हैं। इससे ही वे उनके कुलीन समाज में महाकाय, शक्तिशाली पुरुष बन जाते हैं जैसे कि त्रिलोचनजी हैं, जो हुक्म चलाते हैं और चाहते हैं कि लोग उनके भक्त बने रहे। त्रिलोचनजी जिस तरहसे फोन उठाते हैं और अपना काम करवाते हैं उसके लोग कायल हैं। उनके रास्ते में आड़े आनेवाले हर व्यक्ति को खरीदने की वे क्षमता रखते हैं। राजनीतिक क्षेत्र में भी उन्होंने दबदबा बनाए रखा है ताकि हर अनुमति मिल जाए। उन्होंने अल्पावधि में ही अपने व्यवसाय को इतनी तेज गतिसे बढ़ाया कि उनके पूर्ववर्ती केवल कल्पना ही कर सकते थे। उनका संगठन उनसे सहमा रहता है। हर व्यक्ति उनसे डरा हुआ रहता है।

त्रिलोचनजी का चचेरा भाई आशुतोष इसके ठीक विपरीत और अत्यंत मृदु व्यक्ति है। उनका कारोबार भी तेजीसे बढ़ा; लेकिन कोई इसके बारे में नहीं जानता, क्योंकि उन्होंने अपने जनसम्पर्क विभाग को इसके लिए बहुत कामसे नहीं लगाया। क्यों? ''क्योंकि'', वे कहते थे, ''प्रेस कवरेज का मेरे कारोबार पर कोई असर नहीं होता।'' उन्होंने सावधानीपूर्वक आँकड़े इकट्ठा किए, अपनी टीम के साथ रणनीति तैयार की, उन पर गहराईसे अमल करने के लिए अपने निदेशकों को अधिकृत किया, विचलन पर बाज-सी तीव्र नजर रखी और ध्यान रखा कि लक्ष्य की प्रतिपूर्ति हो। वे अन्य लोगों जैसे कपड़े पहनते थे, कर्मचारियों के लिए बने प्रसाधन-गृह का ही इस्तेमाल करते थे, रविवार अपने परिवार के साथ बिताना पसंद करते थे और अपने कर्मचारियों को अच्छा बोनस और शेयरधारकों को अच्छा डिविडेंड देने में खुशी महसूस करते थे। बाजारसे सर्वोत्तम परिणाम भले न मिले, लेकिन पूर्ववर्ती वर्ष के मुकाबले वर्तमान वर्ष में बहुत बेहतर काम होता था। उनका कहना है कि मुद्दे की बात अपनी चमक-दमक दिखाना नहीं है; अपितु निरंतर स्थैर्यशील विकास को पाना है। उनके भाषण त्रिलोचनजी जैसे उबाऊ, अचूक और चौंधियानेवाले नहीं होते। और, जब संकट में हो तब आशुतोषजी फोन उठाकर राजनीतिज्ञोंसे सम्पर्क नहीं करते अथवा ऐसे लोगों को भी नहीं तलाशते जिन्हें खरीदा जा सके

और समस्या को हल करने के लिए वे कोई शार्ट-कट रास्ता खोजने की अपेक्षा सावधानीपूर्वक अपनी दिशा तय करते हैं। ''क्योंकि,'' वे मानते हैं, ''शार्ट-कट के दीर्घावधि में विपरीत परिणाम होते हैं और मैं इसका जोखिम नहीं उठा सकता; क्योंकि मैं अपनी कम्पनी के भविष्य का संरक्षक हूँ।''

त्रिलोचनजी को रावण मानना और आशुतोषजी को राम मानना आसान है; क्योंकि पूर्ववर्ती आक्रामक और हुक्मरान है जबकि दूसरा उबाऊ और लक्ष्यकेंद्रित है। रामायण में रावण को खलनायक इसलिए नहीं बनाया गया कि उसे दस सिर हैं, बीस हाथ हैं और उसके पास वायु रथ है या सोने की नगरी है। वह उसकी सामरिक रणनीति के कारण खलनायक है।

रावण किस बात के लिए जाना जाता है? रावणने सोने की नगरी नहीं बनाई- उसने अपने भाई-कुबेर- को भगा दिया और लंका के राज पर काबिज हो गया। वह दुनियाभर में ऋषि-मुनियों का खात्मा करते और महिलाओं पर बलप्रयोग करते घूमा। क्यों? अपना दबदबा और भय कायम करने के लिए। उसने सीता का अपहरण क्यों किया? अपनी बहन के अपमान का बदला लेने के लिए? नहीं, यह तो बहाना है। अपहरण इसलिए किया कि पतिव्रता के दिल को जीता जाए। उसने अपने पुत्रों और भाइयों को युद्ध में झोंका और उनकी मृत्यु के बाद ही स्वयं रणांगन में उतरा। उसके लिए सीता और राम को जीतना लोगों की जानसे भी अधिक महत्त्व रखता था।

रावण मात्र अपने लिए जीता था। उसकी खुशी ही महत्त्वपूर्ण होती थी। विडम्बना देखिए कि रावण शिव का भक्त था, जो बैरागी देव हैं। शिव तो संसार की मोहमाया त्याग चुके, भस्म पोते स्मशान वासी नंगधडंग, कैलाश की बर्फीली चोटी पर रहनेवाले संन्यासी हैं। रावण शिव की आराधना में ऋचाएँ गा सकता है, उनके प्रति नतमस्तक हो सकता है, लेकिन दस सिर होने के बावजूद वह शिव की गंभीरता को आत्मसात नहीं कर सका। संभव है कि उसमें शिव के बैरागी दर्शन को समझने की बौद्धिक क्षमता थी और इसी कारण उसने सक्षम ऋचाएँ रचीं, लेकिन शिव के दर्शन पर व्यावहारिक रूपसे चलने की उसमें क्षमता नहीं थी। अपनी सभी प्रार्थनाओं और ऋचाओं के जरिए वह शक्ति, आमोद-प्रमोद और सम्पदासे जुड़ा रहा- जो सभी भौतिक हैं, और नश्वर हैं। वह शून्यवादी नहीं है; वह तो केवल शक्तिहीन व्यक्ति है, बड़बोला, कृतिहीन है।

हिंदू पुराण कथाओं में उसे नेता नहीं माना जाता; जो स्वर्ण नगरी पर राज करता है अथवा वायु रथ पर सवार होता है। नेता ऐसा व्यक्ति है जिसके जीवन का दूसरों के जीवन पर सकारात्मक असर पड़ता है। नेतृत्व का माने अपना अभ्युदय नहीं है। नेता तो ऐसे समाज का निर्माण करता है जिसमें हर व्यक्ति अपना जीवन पूरी तरहसे जी सके। राम इसलिए नायक और ईश्वर नहीं है कि वह उबाऊ आज्ञाधारी पुत्र है; बल्कि इसलिए है कि आज्ञाधारी पुत्र होनेसे उसने ''अन्य'' के प्रति अपनी वचनबद्धता को उजागर किया है। वह रावण की तरह अपने आमोद-प्रमोद के लिए नहीं जीते; बल्कि अपने आसपास के लोगों की खुशी के लिए जीते हैं। और, यह यात्रा आसान नहीं है- हरेक को खुश नहीं किया जा सकता। त्रिलोचनजी का साम्राज्य अपना रुतबा बनाए रखने की उनकी इच्छासे उपजा है, जबकि आशुतोषजीने अपनी क्षमता के अनुसार अपने आंतरिक और बाहरी ग्राहकों को संतुष्ट करने के लिए अपना व्यवसाय स्थापित किया है। यह रणनीति का भेद है जो एक को रावण बनाती है और दूसरे को राम।

●●

१८

विक्रमादित्य और वेताल

उज्जैन के महाराजा विक्रमादित्यने स्मशान के किनारे लगे पेड़ की शाखाओंसे लटके वेताल को नीचे उतारा। एक मायावी मांत्रिकने राजासे कहा, ''यदि आप उसे ले आएँगे तो मैं उसे आपका अत्युच्च दास बना दूँगा जो आपका हर काम किया करेगा। लेकिन, ध्यान रहे कि वेताल को लाते समय आपको बिल्कुल मौन रहना होगा। आप के मुँहसे एक अक्षर भी फूटा कि वेताल फिर वृक्ष पर अपनी जगह पहुँच जाएगा।''

विक्रमादित्यने वृक्ष की ओर आगे बढ़ते हुए शपथ ली कि वह कुछ नहीं बोलेगा। वेतालने इस पर ध्यान नहीं दिया और बहुत खुश हुआ कि इस अवधि में वह मनोरंजक कथा सुनाएगाः

एक बार एक राजा अपने पिता का अंत्यसंस्कार कर रहा था। जैसे ही वह विधि-विधान के अनुसार नदी में अंत्यसंस्कार की पूजा सामग्री विसर्जित करने लगा वैसे ही उसे स्वीकार करने के लिए पानीसे तीन हाथ ऊपर आए। एक हाथ था बुनकर का, जिसने राजा की मातासे जबरन विवाह किया था। दूसरा हाथ था एक ब्राह्मण का, जो राजा की मातासे प्यार करता था और जिसने उसे गर्भवती बना दिया था। तीसरा हाथ था एक क्षत्रिय का, जिसने राजा को नदी किनारे लावारिस अवस्था में पाया था और उसे गोद लेकर अपने बच्चे की तरह पाला था। ''अब विक्रमादित्य मुझे बताइये,'' वेतालने कहा, ''किस हाथ में पूजा की सामग्री दी जाए? उसकी माता के पति के हाथ में, उसके जैविक पिता के हाथ में अथवा गोद लिए पिता के हाथ में? बुनकर के हाथ में, ब्राह्मण के हाथ में अथवा क्षत्रिय के हाथ में? यदि आपको जवाब आता है तो बोलिए और कहानी पूरी कीजिए अन्यथा कहानी को अधूरी रखने का पाप आपके सिर चढ़ेगा और आपके सिर के हजारों टुकड़े हो जाएँगे।''

क्या इस प्रश्न का निष्पक्ष जवाब हो सकता है? आधुनिक समय में, बच्चे के पिता का निर्णय जैविक पैतृकता परीक्षणसे किया जाता है, लेकिन गोद लेने की न्यायिक प्रक्रिया इसे नकार सकती है। लिहाजा, महाभारत में विवाह ही पैतृकता तय करने में महत्त्व रखता था। इसी कारण पांडु को पाँच पांडवों का पिता माना गया; हालाँकि उससे उसकी कोई पत्नी गर्भवती नहीं हुई।

विक्रमादित्य और वेताल की कहानी इस तथ्य की ओर ध्यान आकर्षित करती है कि दुनिया में हर प्रश्न का स्पष्ट निष्पक्ष उत्तर नहीं होता। कई प्रश्नों के आत्मिक उत्तर होते हैं- आवश्यकता के अनुसार। और, जो व्यक्ति आवश्यकता के अनुसार निर्णय करता है वह नेता होता है। वह विक्रमादित्य है।

रुचिका विक्रमादित्य थी। वह सौंदर्य-प्रसाधनों की दुकान-शृंखला चलाती थी और आलाँ दर्जे की फैशन की चीजें बेचती थी। उसके समक्ष एक फौरी कार्य थाः माडल का चयन करना जो उसके होर्डिंग्ज और छपनेवाले विज्ञापनों में अगले छह माह के लिए होगी। उसके पास भारी बजट प्रावधान और परिपूर्ण एसडब्लूओटी विश्लेषण था, जिसमें शामिल था श्रेष्ठ माडलों पर होनेवाला खर्च, हर माडल के बारे में बाजार का रवैया, उनकी वर्तमान ब्रांड सम्पदा और भविष्य का रुझान। रुचिका जानती थी कि माडल का चयन करने का अर्थ उसके स्टोरों की ब्रांड छवि का चयन करना है। क्या वह वर्तमान छवि को जारी रखना चाहती है? क्या उसे वह बदलना चाहती है? इस सृजनात्मक निर्णय के क्या परिणाम होंगे? क्या उसकी ओर किशोर आकर्षित होंगे या पारिवारिक भीड़? माडल के चयन के उसके निर्णय का कई बातों पर प्रभाव पड़ेगा। वह अपनी वित्तीय टीम की ओर मुखातिब हुई, जिसने उसे उसके कारोबारी निर्णय के दोनों तरह के वित्तीय प्रभावों- आशावादी और निराशावादी- को स्पष्ट किया। उसकी डिजाइन और बिक्री दोनों टीमों में इस पर मतैक्य नहीं था। कुछेक के लिए उत्तेजनाहीन शांत नया माडल बेहतर है तो अन्य उच्च कोटि के माडल को बेहतर मानते हैं, और ऐसे भी लोग हैं जो मौलिक माडल को चाहते हैं।

रुचिका जानती है कि इन सभी बातों के बावजूद टीम के हिसाबसे उसे ही फैसला करना होगा। कुछ न कहने की विलासिता वह कर सकती है, लेकिन रुचिका जानती है कि मौन रहने के लिए उसे संगठन का प्रमुख नहीं बनाया गया है। वह नेता है। उसे अपने बुद्धिचातुर्य और सहजज्ञान का इस्तेमाल

कर निर्णय करना होगा, चाहे वह आवश्यकतानुरूप क्यों न हो फिर भी उसका भविष्य में असर उसकी कम्पनी, कर्मचारियों, उनके ग्राहकों, उसके तुलनपत्र और अंत में उसके करिअर पर होनेवाला है। उसे सोचना होगा, उसे फैसला करना होगा, उसे बोलना होगा। और, उसके निर्णयसे हर कोई प्रसन्न नहीं होगा। यदि इस निर्णय के अपेक्षित परिणाम नहीं निकले तो वे उसका विरोध करेंगे, उसकी आलोचना करेंगे और उसे नीचा दिखाएँगे। वह किसी को दोष नहीं दे सकेगी, न किसी को अपनी ढाल बना सकेगी। उसके पास आकर ही सब थम जाता है। यही राजा बनने का मूल्य है। यही विक्रमादित्य का शाप है।

विक्रमादित्य हर बार जवाब तो देता है; लेकिन कहानी के विभिन्न स्वरूपों में उसका जवाब भी भिन्न होता है। कभी वह सामाजिक व्यवस्था को बनाए रखने के लिए सामाजिक रूढ़ियों (संस्थाओं) को प्रधानता देता है और बुनकर को वैध पति मानता है। कभी वह जातिगत वरिष्ठताक्रम को तवज्जो देकर ब्राह्मण को पिता बतलाता है। और कभी, भावनाओं को महत्त्व देकर स्वयं अपने आपको और वेताल को समझाता है कि जिसने राजा का पालन किया वह सच्चा पिता है। कोई भी सही जवाब नहीं है। कोई भी गलत जवाब नहीं है। हर चीज विक्रमादित्य किसे महत्त्व देता है– किसे सही मानता है और किसे गलत मानता है– इस पर निर्भर है। विक्रमादित्य के निर्णय उसके महत्त्व या मूल्य पर आधारित है और यही उसके राजा होने की गुणवत्ता है।

यदि विक्रमादित्य मानता है कि उसका निर्णय तथ्यात्मक है तो वह अपने आपको ठग रहा है। सभी निर्णय ढाँचागत और संदर्भांकित होते हैं– सभी ढाँचे रचनागत होते हैं और आवश्यकता के चश्मेसे संदभाफ को परिभाषित किया जाता है। आँकड़े सहायता करते हैं, लेकिन एक सीमा तक ही। इसलिए संगठन बिना किसी राजा के हो नहीं सकता। उज्जैन इसलिए वैभवशाली नगर था क्योंकि विक्रमादित्यने सही फैसले किए अथवा उसे जो सही लगा और संयोगसे जो लाभप्रद रहा ऐसे फैसले उसने किए। इसी कारण विक्रमादित्य महान राजा है। हर राजा फैसले कर सकता है– लेकिन केवल महान राजा ही ऐसे फैसले करता है जिनके अपेक्षित परिणाम लगातार मिलते रहते हैं।

सही हो या गलत, विक्रमादित्य को तो बोलना ही पड़ेगा, और वेताल को जाने देना होगा और फिरसे नए सिरेसे प्रक्रिया आरंभ करनी होगी। जिस दिन विक्रमादित्य के पास जवाब नहीं होगा उस दिन वेताल को अत्युच्च दास के रूप में परिवर्तित करने की मायावी मांत्रिक की फंतासी समाप्त होगी, राजा का बुद्धिचातुर्य वास्तविकता बनेगी और उसकी झूठी निर्णय क्षमता भी समाप्त होगी।

●●

१९

परमार्थ पथ

इस्लाम के पाँच सिद्धांतों में एक है अपने आसपास के लोगों का ध्यान रखना। पहला सिद्धांत है श्रद्धा रखना– एक अल्लाह (ईश्वर) और उसके दूत मुहम्मद के प्रति श्रद्धा। दूसरा सिद्धांत नमाज (प्रार्थना) के बारे में है– दिन में पाँच बार नमाज। तीसरा सिद्धांत है सालाना रोजा रखना– रमजान माह में जब सर्वश्रेष्ठ देवदूत गैब्रियलने खुदा की आज्ञाओं को विशद किया। चौथा सिद्धांत है यात्रा के बारे में– जीवन में कमसे कम एक बार मक्का की यात्रा करना। पाँचवां सिद्धांत है खैरात (दान धर्म, परमार्थ)– अपनी आय का कुछ हिस्सा दूसरों के लिए देना।

पहले चार सिद्धांतों पर दूसरों को साथ लिए बिना अकेले ही चला जा सकता है– श्रद्धा रख सकता

है, नमाज अदा कर सकता है, रोजा रख सकता है और किसी का दृढ़ निश्चय हो तो अकेले ही यात्रा कर सकता है। लेकिन, खैरात देने के लिए दूसरों की आवश्यकता पड़ती है। अगर कोई खैरात लेनेवाला न हो तो कोई खैराती नहीं हो सकता। इस तरह इस सिद्धांत के जरिए व्यक्ति को समाज की चिंता करने के लिए मजबूर किया गया है। दूसरों की गरज को ध्यान में रखते हुए व्यक्ति को अपने स्वार्थ की तिलांजलि देने के लिए बाध्य किया गया है।

यह सिद्धांत इस संदर्भ में महत्त्वपूर्ण है कि वह पहले पहल कब विशद किया गया और किसे बताया गया। ईसवी की सातवीं सदी में अरब अधिकतर सौदागर ही हुआ करते थे, जिनमें देवदूत बनने के पूर्व के मुहम्मद खुद भी शामिल हैं। अरब जगत के रास्तेसे ही भारत और चीन की सम्पदा यूरोप पहुँची; क्योंकि पर्शियन सम्राटने रोम जानेवाले सभी जमीनी रास्ते रोक रखे थे। इस प्रतिबंध का अरबों को सबसे ज्यादा लाभ मिला। रेगिस्तान में खुशहाली आने का यह समय था। तेल की खोज के काफी पहले, यूरोपीय लोगों द्वारा एशिया में पहुँचने के समुद्री मागाफ को खोजने के अर्से पहले, इस्लाम की मनुष्य को जानकारी होने के काफी पहले खुशहाली का यह समय आया था। इस्लामने इन कंजूस सौदागरों में बदलाव लाया। इस्लामने उन्हें अपने अंदर झाँकने और खुदासे जुड़ने को मजबूर किया। सबसे महत्त्वपूर्ण यह है कि खैरात के इस सिद्धांत के जरिए सौदागरों को अपने कारोबारसे भी आगे, लाभ और हानि के अलावा, आसपास के लोगों के प्रति ध्यान देने के लिए बाध्य किया गया।

कम्पनियाँ भी धीरे-धीरे अपनी सामाजिक जिम्मेदारियों के प्रति सजग होने का प्रयास करती रहीं- वे अपने लाभ के आगे भी सोचने का प्रयास करती रहीं। उसका आधुनिक स्वरूप ही है कार्पोरेट सामाजिक जिम्मेदारी (सीएसआर- कार्पोरेट सोशल रिस्पाँसिबिलिटी)। लेकिन ये प्रयास केवल ''अच्छा दिखने'' की कसरत अधिक दिखाई देते हैं और ''बाजार को किसी भी हालत में जीतने'' की संगठन की अभिलाषा के कारण संकट में पड़ जाते हैं। कमसे कम जयंत को ऐसा लगता है।

जयंत कंप्यूटर साजोसामन बेचनेवाली एक कम्पनी में बिक्री प्रबंधक है। उसका सारा दिन बिक्री लक्ष्य को पूरा करने के लिए अपनी टीम को प्रोत्साहित करने में ही बीतता है। क्यों? वह कहता है, ''ताकि हम अपने बोनस बना सके।'' जयंत अपनी टीम पर इसके लिए खूब दबाव डालता है। ''आप को बेचने के लिए वेतन मिलता है, अतः माल बेचो। वही आपका काम है।'' जयंतने अपने पेशे को सौदेकार तक सीमित कर दिया- कम्पनीसे सौदा (लक्ष्य पूरा करो और बोनस पाओ) तथा अपने ग्राहकोंसे सौदा (खूब माल बेचो, क्योंकि आपको इसी का पैसा मिलता है)। वह पूरा पेशेवर है। वह अपनी टीम के साथ काम करता है, उनके साथ मिलकर योजनाएँ बनाता है, योजनाओं का पुनरीक्षण करता है और लिचलिची स्थितिसे निपटने के लिए अनोखी कल्पनाएँ देता है। वह उन्हें शिक्षित करता है, सलाह देता है, प्रोत्साहित करता है और सफलता पाने के लिए जरूरी हर चीज करता है। लेकिन यह सब अपने काम के अंग के रूप में वह करता है। कम्पनी भी उससे खुश है। लेखा पुस्तक भी एक ओर उसके और संगठन तथा दूसरी ओर उसके और ग्राहकों के बीच एकदम सही रूपसे संतुलित है।

अब उसकी कम्पनी कार्पोरेट सामाजिक जिम्मेदारी की दौड़ में शामिल हो चुकी है। उसे अब एक दिन का वेतन देने अथवा उतना ही समय उन स्वैच्छिक संगठनों (एनजीओ) को देने के लिए कहा गया है जिन्हें संगठन की ओरसे सहायता मिलनी है। उसने प्रबंध निदेशक (एमडी) को यह कहते हुए

सुना है कि कर्मचारियोंसे जितनी राशि प्राप्त होगी उतनी ही राशि कम्पनी की ओरसे दान के रूप में दी जाएगी। यह भावनात्मक वसूली कर दान देने की बात जयंत को पसंद नहीं आई। वह जानता है कि इस कार्यक्रम में भाग न लेना संगठन को पसंद नहीं आएगा। इससे उसकी प्रोन्नति के अवसरों पर भी असर पड़ेगा। वह हैरान है। वह पैसा कमाने के लिए कम्पनी में आया और चाहे दान ही क्यों न हो; पर देना नहीं चाहता।

संगठनात्मक निर्देशोंसे परमार्थ का रवैया कायम नहीं किया जा सकता। हर कर्मचारी में यह बात अंतरात्मासे आनी चाहिए। कर्मचारी इसमें इसलिए भाग लेते हैं कि यह उनकी मजबूरी है, स्व-इच्छा नहीं है। समस्या तब पैदा होती है जब दान या खैरात को हम कारोबार का ''उप-उत्पाद'' बनाने की कोशिश न कर समाज के प्रति घटनात्मक रवैया बना देते हैं। समाधान इस बात में है कि दान को व्यवसाय का अभिन्न अंग बना दिया जाए। सच्चे दानी होने के लिए ऐसा मार्ग खोजना होगा जहाँ दानसे व्यवसाय का विकास हो, न कि उसकी अधोगति।

इस्लाम में आर्थिक विषमता शैतान का कार्य है। खुदाने सब को समान बनाया है और हरेक को विश्व के स्रोतों के समान अवसर दिए हैं। शैतानने इस संतुलन को बिगाड़ दिया है। अकेला व्यवसाय शैतानसे नहीं लड़ सकता। इसलिए खैरात की जरूरत है। हमें कारोबारसे आगे जाकर जागरूकता और स्वेच्छासे दूसरों की मदद करनी चाहिए। सच्चा मुसलमान बनने के लिए खैरात अभिन्न अंग है। दान की भावना विकसित किए बिना खुदा के प्रति समर्पण संभव नहीं है। संगठन में यह कैसे संभव है? बिक्री करते समय जयंत किस तरह दानी हो सकता है? दान को किस तरह लक्ष्य पूरा करने में सहायक बनाया जा सकता है?

जयंत को पता नहीं है कि वह पहलेसे ऐसा कर रहा है। वह उससे अनभिज्ञ है। हममेंसे अधिकतर लोग खैरात को पैसा बाँटना मानते हैं। परंतु कहावत है- आदमी केवल भोजनसे जीवित नहीं रहता। लोग कई तरीकोंसे दानी हो सकते हैं- समय का दान कर, ध्यान देकर, या चिंता करने की सहज इच्छा प्रकट कर। क्या जयंतने अपनी टीम के प्रति ध्यान दिया- क्या उसे पता है कि उसकी टीम का एक सदस्य ठीकसे काम नहीं कर पा रहा है, क्योंकि उसकी पत्नी जटिल नैराश्य की बीमारीसे पीड़ित है? क्या जयंतने अपने ग्राहकों के प्रति ध्यान दिया- क्या उसे यह पता है कि उसका सर्वाधिक महत्त्वपूर्ण ग्राहक उसके एक सहयोगीसे नाराज है, लेकिन उसे ऐसा कोई दोस्त नहीं मिल रहा है जिसे वह अपना दुःख कह सके? क्या जयंत इतना उदार है कि उसके कार्य का समय उसकी टीम के सदस्यों के व्यक्तिगत मुक्त समय का उल्लंघन न करें (वह रविवार को भी काम करना पसंद करता है, उसकी टीम के सदस्य नहीं)? क्या जयंत इतना उदार है कि अपने बॉस की हर तरहसे मदद करता है ताकि उन्हें अगली प्रोन्नति मिल सके? जब जयंत यह सब करेगा तब भावनात्मक सम्पदा (इक्विटी) प्राप्त होगी जिससे सारे व्यवहार सुचारू होंगे और व्यापार को बढ़ाने में सहायता मिलेगी। जयंत जब इसकी आदत बना लेगा तब वह उसके जीवन का अंग बनेगी और संगठनात्मक ढाँचे में समा जाएगी। इसके बाद संगठन को जयंत को सीएसआर में भागीदारी करने के लिए नहीं कहना पड़ेगा। सीएसआर कार्पोरेट सम्पदा का प्रतिरोधी नहीं होगा, अपितु वह लाभप्रद बर्ताव की बुनियाद बनेगा।

२०

तत्पर गरुड़

नारदने एक दिन सकुचाते हुए विष्णुसे पूछा, ''भगवन, आप अपने मंदिरों में आपके समक्ष गरुड़ की प्रतिमा लगाने का क्यों आग्रह करते हैं? मेरी प्रतिमा क्यों नहीं? क्या मैं आपका सबसे बड़ा भक्त नहीं हूँ?'' विष्णु का जवाब आने के पूर्व ही वैकुंठ के मुख्य द्वार पर कुछ धड़ामसे गिरने की ध्वनि सुनाई दी। विष्णुने पूछा, ''यह कैसी ध्वनि है?'' नारदने ध्वनि की दिशा की ओर देखा। ऐसी घटनाओं का सुराग रखनेवाला विष्णु का वाहन गरुड़ कहीं दिख नहीं रहा था। विष्णुने नारदसे कहा, ''मैंने गरुड़ को और कहीं भेजा है। क्या आप पता लगा सकते हैं कि क्या हुआ है?'' विष्णु को प्रसन्न करने के लिए नारद घटना का पता

लगाने के लिए दौड़े। नारद पता लगाकर लौटे और कहा, ''दूध बेचनेवाली नौकरानी टकराकर गिर गई।''

''क्या नाम है उसका?'' विष्णुने पूछा। नारद फिर बाहर दौड़े और दूधवाली नौकरानीसे पूछा और विष्णु को बताया, ''शारदा।'' विष्णुने फिर पूछा, ''वह कहाँ जा रही थी?'' नारद फिर बाहर दौड़े, नौकरानीसे पूछा और आकर बताया, ''वह बाजार जा रही थी।'' विष्णुने पूछा, ''वह कैसे गिर पड़ी?'' नारद चिढ़ने को हुए। उन्होंने विष्णुसे कहा, ''पिछली बार जब मैं बाहर गया तभी आपने यह क्यों नहीं पूछा?'' वे फिर बाहर दौड़े, दूधवालीसे पूछा और आकर बताया, ''रास्ते में आए एक साँप के कारण वह लटपटा गई थी।'' विष्णुने पूछा, ''क्या उसका घड़ा टूट गया?'' ''पता नहीं,'' नारदने तुरंत कहा। विष्णुने कहा, ''पता लगाओ।'' ''क्यों,'' नारदने पूछा। विष्णुने कहा, ''नारद, पता लगाओ। शायद मैं कुछ दूध खरीदूँ।'' नारद बड़ी हिचक के साथ बैकुंठ के बाहर आए और दूधवाली नौकरानीसे मिले। सस्मित चेहरेसे लौटे और कहा, ''एक घड़ा टूट गया। लेकिन, दूसरा घड़ा साबूत है। उसका दूध बेचने के लिए वह तैयार है बशतफ कि दुगुना भाव मिले।''

विष्णुने कहा, ''ठीक है। मुझे कितना पैसा देना होगा?'' नारदने फिर बाहर जाते हुए कहा, ''अरे! यह पूछना तो मैं भूल ही गया।'' विष्णुने कहा, ''कोई बात नही, रहने दो। मैं किसी और को भेजता हूँ।''

ठीक उसी समय गरुड़ वहाँ उतरा। उसे पता नहीं था कि विष्णु और नारद के बीच क्या चल रहा था। विष्णुने गरुड़से कहा, ''मैंने मुख्य दरवाजे के बाहर कुछ धड़ामसे गिरने की ध्वनि सुनी है। क्या पता लगा सकते हैं कि क्या हुआ है?'' गरुड़ के जाते ही विष्णुने नारद की ओर उपहासात्मक नजरसे देखा और बुदबुदाए, ''देखें, वह कैसी खबर लाता है!''

गरुड़ लौटा। उसने बताया, ''वह दूध बेचनेवाली है। उसका नाम है शारदा। वह बाजार जा रही थी। एक साँपने उसका रास्ता काटा। भयभीत होकर वह गिर पड़ी। दूध के दो घड़ों मेंसे एक टूट गया। वह रो रही है। उसे सूझ नहीं रहा है कि टूटे घड़े और गिरे दूध का मूल्य वह कैसे चुकाएगी। मैंने उसे कहा, वह दूध का दूसरा घड़ा आपको बेच दें। आखिर, धन की देवी लक्ष्मी आपकी अर्धांगिनी जो है।''

''और, दूध का मूल्य?'' विष्णुने पूछा। गरुड़ने चटसे जवाब दिया, ''चार तांबे के सिक्के। लेकिन मुझे लगता है कि भगवानसे सौदा करते समय वह शानदार मुनाफा पाना चाहती है।'' विष्णु हँसने लगे। नारद समझ गया। वह इस घटनासे जान गया कि विष्णु मंदिरों में उनकी प्रतिमा के बजाय गरुड़ की प्रतिमा उनकी मूर्ति के समक्ष क्यों लगाई जाती है।

नारद का बर्ताव हरकारे सहयोगी जैसा है। बहुत आज्ञाधारी, मालिकने जो कहा उतना ही करनेवाला, सोचविचार की बात मालिक पर छोड़नेवाला; जबकि गरुड़ का बर्ताव चपल सहयोगी जैसा, मालिक की प्रत्याशा को पकड़नेवाला और उसके लिए तत्पर रहनेवाला है। यही ''प्रत्याशा की क्षमता'' है, जिससे गरुड़ अधिक सक्षम और प्रभावी साबित हुआ तथा विष्णु की नजरों में अधिक काम का सिद्ध हुआ।

एक टेलीकॉम फर्म में परिचालन विभाग के वरिष्ठ उपाध्यक्ष श्री कपूर अपनी टीम के नारद और गरुड़ को आसानीसे पहचानते है। बैठकों के दौरान वे अपनी टीम के सभी सदस्यों को काम बाँटते

हैं। और, यह देखते रहते हैं कि कौन कहने के पहले ही अद्यतन जानकारी के साथ आता है और कौन कहने के बाद अद्यतन जानकारी लाता है। उन्हें ऐसे लोग पसंद हैं जो परियोजनाओं के बारे में तत्परतासे उनसे सम्पर्क करते हैं, प्रतिपुष्टि करते हैं, पूरी जानकारी देते हैं। वे संकट आने की राह नहीं देखते। वे बैठकों का इंतजार नहीं करते। वे पूछने की राह भी नहीं देखते।

दुनिया में सबसे बेहतरीन सचिव गरुड़ हैं- वे अधिकारी के कहने के पहले ही जान लेते हैं कि अधिकारी की क्या प्रत्याशा है, कौनसी जानकारी वे माँगेंगे? जब अधिकारी कहते हैं कि ''जयपुर के लिए टिकट बुक करो'' तो इसका मतलब उनकी यह उम्मीद है कि होटल बुक किया जाए, कार पिकअप का प्रबंध किया जाए, मुलाकातों, स्मरणिकाओं और अलार्म के साथ ब्लैकबेरी को अपडेट किया जाए। वे जानते हैं कि माह के आरंभ में, हर माह के पहले सोमवार को, हर माह के अंतिम दिन को उन्हें किन-किन बिलों को निपटाना है। वे जानते हैं कि सप्ताहांत की पार्टियों का कब आयोजन करना है, तनाव का स्तर किस समय अधिक होता है और किस समय अधिकारी हल्कापन महसूस करते हैं। वे अधिकारी की लय, उनकी प्रथाओं के प्रति संवेदनशील होते हैं। और, यह सब ''प्रत्याशा की क्षमता''से आता है।

निस्संदेह, ''प्रत्याशा की क्षमता''से सज्जित सहयोगी कर्मचारी को असुरक्षित महसूस करनेवाले अधिकारीसे नाराजी और धमकी तक झेलनी पड़ सकती है। ऐसे अधिकारियों को डर लगता है कि यदि कर्मचारी मेरे हर कदम को जानने लगा तो किसी दिन वह मुझ पर हावी हो जाएगा। यही बात जितेन के साथ हो गई; क्योंकि उसने लीकसे हटकर अपने अधिकारी को

उनके हर काम के बारे में अद्यतन रखा और इस बात की प्रतीक्षा नहीं की कि अधिकारी पूछेंगे तभी अद्यतन जानकारी देगा। वह अपने अधिकारीसे पूछे जानेवाले हर सवाल के जवाब जानता था। वह अधिकारी द्वारा उपस्थित किसी भी तर्क या आपत्ति का जवाब देने के लिए तत्पर था। अधिकारीने अपने आपसे कहा, ''इस व्यक्तिने हर काम बहुत होशियारीसे किया है। यह लगभग तय है कि अब उसे मेरी सहायता की जरूरत नहीं है। वह मुझे परिस्थितियों की बेहद अद्यतन जानकारी दे रहा है। ऐसा लगता है कि उसे सब मालूम है कि मैं कौनसी बात स्वीकार करूँगा और कौनसी नकारूँगा।।'' यह समय की ही बात थी कि जितेनसे किनारा किया जाने लगा और बैठकों में उसकी उपेक्षा की जाने लगी। चुप रहनेवाले बहुत आज्ञाधारी नारद उससे आगे बढ़ गए। जितेनसे गरुड़ कहेंगे, ''अधिकारी की प्रत्याशा जानना अच्छी बात है; लेकिन यह कभी नहीं मानना चाहिए कि आप अधिकारीसे एक कदम आगे है। इससे आप अति होशियार माने जाएँगे। याद रहे कि आपके अधिकारी को लगना चाहिए कि आपको उनकी जरूरत है, आपका अस्तित्व और आपका महत्त्व उनके कारण है। यह न भूलें कि आप उनके पहिये के दाँता हैं, न कि आपके पहिये के वे।''

२१

झील की विरासत

इंद्रद्युम्न नामक एक राजा था। लम्बे समय तक राज करने के बाद उसका निधन हुआ। धरती पर पुण्य के कारण उसे स्वर्ग में शतकों तक स्थान मिला। एक दिन देवताओंने उससे कहा, ''इंद्रद्युम्न, तुम्हें धरती पर लौटना होगा। अब तुम स्वर्ग में नहीं रह सकते।''

''क्यों?'' हैरान इंद्रद्युम्नने पूछा। देवताओंने कहा, ''धरती पर तुम्हारे पुण्यकायाफ का किसी को स्मरण नहीं है।'' राजाने चकित होकर कहा, ''ऐसे कैसे हो सकता है? मैंने अपने पूरे जीवन में अच्छे कार्य ही किए हैं।'' देवताओंने कहा, ''यदि तुम्हारे अच्छे कायाफ के कारण एक भी जीव तुम्हें स्मरण करता हो तो तुम फिरसे स्वर्ग में आ सकते हो। अन्यथा तुम्हें स्वर्ग छोड़ना ही पड़ेगा। नियम यही है।''

स्वर्ग और धरती का कालक्रम भिन्न है। जब इंद्रद्युम्न धरती पर पहुँचा तब पाया कि उसके राज के बाद शताब्दियाँ बीत चुकी हैं। वृक्ष भिन्न हैं, लोग भिन्न हैं, यहाँ तक कि उसका राज्य भी भिन्न लगता है। उसे अचरज हुआ- कौन उसे याद रखेगा। जो भवन उसने बनाए थे वे नदारद थे। जो मंदिर उसने बनाये थे वे कहीं दिख नहीं रहे थे। जो लोग उसके अच्छे कायाफसे लाभान्वित हुए थे वे विदा हो चुके थे। वह जिनसे भी मिला उनमेंसे किसी को पता नहीं था कि इंद्रद्युम्न नामक कोई राजा था।

दुःखी इंद्रद्युम्न दुनिया के सबसे वृद्ध व्यक्ति की तलाश में निकला। उसकी मार्कण्डेय ऋषिसे मुलाकात हुई। लेकिन ऋषि को भी पता नहीं था कि ऐसा कोई राजा था। ऋषिने कहा, ''मुझसे भी उम्रदराज उल्लू है, उससे पूछो।'' इंद्रद्युम्नने वैसा ही किया। वह उल्लूसे मिला और पूछा, ''क्या तुम्हें पता है कि इंद्रद्युम्न नामक कोई राजा था?'' ''नहीं'' उल्लूने कहा, ''मुझे तो याद नहीं है; लेकिन मुझसे भी उम्र में बड़ा क्रौंच है, उससे पूछो।'' क्रौंच को भी मालूम नहीं था। उसने कहा, ''मैं उसे जानता हूँ जो मुझसे भी अधिक उम्रदराज है। शायद उसे इंद्रद्युम्न राजा के बारे में पता हो। वह कछुआ है, जो एक झील में रहता है।''

इंद्रद्युम्न कछुए के पास पहुँचा, जो बहुत वृद्ध था और थक चुका था। वह इंद्रद्युम्न नामक राजा को जानता है, यह सुनकर इंद्रद्युम्न को बड़ी राहत मिली। कछुएने कहा, ''यह झील उसी राजाने बनवाई है।'' इस सूचनासे इंद्रद्युम्न सकते में आ गया। उसने कहा, ''यह झील तो मैंने नहीं बनवाई। मैं जब राजा था तब यह झील थी ही नहीं।''

कछुएने स्पष्ट किया, ''मेरे पिता कभी झूठ नहीं बोलते थे। उन्होंने मुझे बताया है कि इस राजाने अपने पूरे जीवनकाल में गोदान किया, हजारों-हजार गायों का दान किया।'' इंद्रद्युम्न को याद आया कि उसने ऐसा किया था। उसे बताया गया था कि ऐसा करनेसे स्वर्ग मिलता है। हाँ, मिला जरूर; लेकिन अस्थायी रूपसे। अब उनकी गायें कहाँ है? वे लोग कहाँ हैं जिन्हें गोदान किया गया था? कछुएने बताया, ''जब ये गायें इंद्रद्युम्न की नगरीसे निकलीं तब उनके खुरोंसे इतनी धूल उड़ी कि उससे जमीन में गड्ढा हो गया और जब बारिश हुई तो उसमें पानी जमा हो गया और यह झील निर्माण हो गई। अब इस झील के कारण असंख्य पौधें, पशु, जीवजंतु, घास-पात, मछलियाँ, कछुए और पक्षी पनाह पा रहे हैं। और, इसी कारण हमें महान राजा इंद्रद्युम्न याद है, जिनके परमार्थ के कारण यह झील बनी और पीढ़ी-दर-पीढ़ी यह हमारा आवास बन गई।''

कछुए की बातें सुनकर इंद्रद्युम्न खुश हुआ। देव भी खुश हुए और उसे स्वर्ग में वापस ले लिया। इंद्रद्युम्न स्वर्ग में पहुँचा, लेकिन विडम्बना उसे याद रही। उसे धरती पर उस झील के लिए याद किया गया, जो अनभिज्ञतासे पैदा हो गई; लेकिन जो गायें उसने अंतर्मनसे दान में दीं उसे किसीने याद नहीं रखा। जो काम किए उनका नहीं; अपितु उनके प्रभाव का लाभ उसे मिला।

यह कहानी विरासत के अभिप्राय की ओर हमारा ध्यान आकर्षित करती है। प्राचीन भारत में, गोदान ही सर्वश्रेष्ठ दान माना जाता था। आधुनिक भारत में इसका बदलना अत्यंत दुर्भाग्यपूर्ण है। गड़रियों में गायें दान देना आजीविका का साधन दान देने जैसा था। लेकिन समाज जैसा विकसित होता गया इस मुहावरे का अर्थ भिन्न हो गया। अब इसका मतलब होता है ''अवसर मुहैया कराना।'' कोई व्यक्ति दूसरे को अवसर उपलब्ध कराने का सबसे बड़ा उपहार दे सकता है, जिससे दूसरा जी सकें,

बढ़ सकें और उन्नति कर सकें। यह शिक्षा के रूप में, नौकरी के रूप में या व्यवसाय के लिए ऋण के रूप में हो सकता है। गोदान का आशय चीनी कहावत के अनुसार ''व्यक्ति को मछली दे देना'' नहीं है; बल्कि ''व्यक्ति को मछली का शिकार करना सिखाना'' है।

अरविंदजीने अपने जीवन में कई कारखाने स्थापित किए और काफी धन कमाया। पचास साल बाद किसी को याद नहीं रहा कि उन्होंने कितना धन कमाया, लेकिन बहुतसे लोगों को यह याद है कि उनके पिता या माता अरविंदजी के कारखानों में काम करते थे। और, चूँकि वे अरविंदजी के कारखानों में काम करते थे इसलिए उन्होंने पर्याप्त धन कमाया ताकि अपने बच्चों को पढ़ा सके और उनके बच्चे जीवन में सफल रहे।

पुणे में अरविंद अस्पताल के नामसे एक अस्पताल है। यह अस्पताल बनने के काफी पहले अरविंदजी का निधन हो चुका है। इंद्रद्युम्न की तरह ही उनके कारखाने के कारण गैरइरादतन इसका निर्माण हुआ। अरविंदजीने जो कारखाना स्थापित किया उससे एक युवक को आजीविका मिली, वह अपने दोनों बच्चों को पढ़ा-लिखा सका और उसके पास इतना पैसा आया कि एक को डॉक्टर बना सका। वह युवक अरविंदजी के प्रति कृतज्ञ है; क्योंकि उसके छोटेसे गाँव में कारखाना आने के पूर्व सालभरसे वह बेरोजगार था। कारखाना आनेसे उसे रोजगार मिला। इस अवसर को पैदा करने के लिए वह अरविंदजी के प्रति अंतर्मनसे कृतज्ञ है। जब उसके पुत्रने अस्पताल का निर्माण किया, तब उसने आग्रह किया कि इसे ''गोदान दाता'' अरविंदजी का नाम दिया जाए।

नेता अक्सर अपनी विरासत की योजना बनाते हैं। वे कहते हैं, ''मुझे इस बात के लिए या उस बात के लिए याद किया जाता रहे।'' लेकिन, हमारे कायाफ के गैरइरादतन परिणामों को ही अक्सर याद रखा जाता है। उम्मीद रहे कि वह गैरइरादतन परिणाम झील हो, जो सदियों तक लाखों को पनाह और अवसर प्रदान कर सकें।

●●

२२

औदार्य का सिंहासन

राजा भोज एक बार अपनी नगरी के बाहर एक खेतसे गुजर रहे थे। वहाँ उन्होंने कुछ अनोखा देखा। जैसे ही वे और उनके सिपाही खेत की ओर आने लगे, किसान जोरसे चिल्लाया, ''दूर रहो, दूर रहो, आप और आपके घोड़े फसल को बर्बाद कर देंगे। क्या मेरे जैसे गरीब लोगों के प्रति आपके मन में दयाभावना नहीं है?'' इस झगडालू किसान के बर्तावसे चकित होकर भोज दूर ही रहे। लेकिन जैसे उन्होंने पीठ घुमाई, किसानने अपना स्वर बदल दिया और कहा, ''मेरे राजा, आप कहाँ जा रहे हैं? कृपया मेरे खेत में आइये, आपके घोड़ों को मुझे पानी पिलाने दीजिए और आपके सैनिकों को खाना खिलाने दीजिए। उम्मीद है, एक ईमानदार किसान के आतिथ्यसे आप इनकार नहीं करेंगे?''

किसान के बदले रूप को देख और उसे दुःखी न करने के इरादेसे भोज फिरसे खेत की ओर मुड़े। किसान फिरसे चीखा, ''अरे, चले जाओ। आपके घोड़े और आपके सैनिक मेरी फसल को बर्बाद कर रहे हैं। हे दुष्ट राजा, चले जाओ।'' भोज फिर लौटने लगे। किसान का रुख फिर बदला, ''अरे, आप क्यों लौट रहे हैं? आ जाओ। आप मेरे अतिथि हैं। आप का सम्मान करने का मौका मुझे दें।''

ऐसा फिर कुछ समय तक होता रहा। भोज चकित हुआ कि यह क्या हो रहा है। भोजने किसान को ध्यानपूर्वक देखा। उन्होंने पाया कि जब जब किसान क्रुद्ध हुआ तब तब वह जमीन पर खड़ा था। जब जब वह आतिथ्यशील हुआ तब तब वह खेत के एक छोटेसे मिट्टी के टीले पर खड़ा था। भोजने जाना कि किसान के बिखरे व्यक्तित्व का किसी न किसी रूप में उस मिट्टी के टीलेसे सम्बंध है। उसने अपने सैनिकों को खेत के बीच स्थित उस टीले की तुरंत खुदाई का आदेश दिया। स्वाभाविक है कि किसान को यह बात पसंद नहीं आई और वह विरोध करता रहा। लेकिन भोजने उस पर कोई ध्यान नहीं दिया।

टीले के भीतर सैनिकों को सोने का एक अनोखा सिंहासन मिला। भोज जैसे ही उस सिंहासन पर बैठने लगे, सिंहासन बोलने लगा, ''यह महान विक्रमादित्य का सिंहासन है। उस सिंहासन पर तभी बैठें जब आप विक्रमादित्य जैसे उदार और ज्ञानी हो। यदि आप ऐसे न हो तो आपकी सिंहासन पर बैठते ही मृत्यु हो जाएगी।'' सिंहासनने बाद में भोज को विक्रमादित्य की बत्तीस कहानियाँ सुनाईं। हर कहानी में राजा के गुण बताए- सर्वाधिक महत्त्वपूर्ण गुण था औदार्य। इस तरह इन कहानियों के जरिए भोजने जाना कि अच्छे राजा होने के क्या मायने हैं।

''विक्रमादित्य के सिंहासन की बत्तीस कहानियाँ'' भारतीय लोककथाओं का अंग है। उन्हें अक्सर बच्चों की कहानियाँ कहा जाता है। ये कहानियाँ बच्चों के मनोरंजन के लिए नहीं थीं; उनका उद्देश्य भविष्य के नेताओं की बौद्धिक चेतना जगाना था। बच्चों की इन कहानियों का यह उद्देश्य कब का विस्मृत हो चुका है। और, इस कारण बहुत कम लोग इस कहानी के अत्यंत दिलचस्प हिस्से पर गौर कर पाते हैं- राजा के सिंहासन का किसानसे क्या सम्बंध है? उस सिंहासनने किसान को उदार बना दिया था। जब वह जमीन पर होता था तब वह असुरक्षित और स्वार्थी बन जाता था। जैसे ही वह मिट्टी के टीले पर खड़ा हो जाता था उदार बन जाता था। जमीन पर वह आम आदमी था। टीले पर वह राजा जैसा होना चाहिए वैसा था।

इस कहानी का दूसरा हिस्सा भी उतना ही दिलचस्प है। सिंहासनने भोज को बैठने नहीं दिया। उसने विक्रमादित्य की कहानियों के जरिए पूछा कि ''क्या आप विक्रमादित्य जैसे योग्य और उदार हैं?'' इस तरह हम चकित होते हैं- क्या सिंहासन व्यक्ति को राजा बना देता है और इसलिए उदार है, अथवा व्यक्ति पहले अपनी अंतरात्मा को उदार बनाता है और फिर सिंहासन के योग्य बनता है? दोनों तरहसे सोचें तब भी कमसे कम भारतीय लोककथाओं में औदार्यता राजा का- अर्थात नेतृत्व का- ठोस महत्त्वपूर्ण गुण बनता है।

पशु देते नहीं हैं। वे केवल ले सकते हैं। जीवित रहने के लिए वे ताकतसे या दुष्टतासे भोजन और पनाह प्राप्त कर लेते हैं। लेकिन मनुष्य दूसरों को न केवल जीने बल्कि उन्नति के लिए भोजन और पनाह दे सकता है। इस तरह मनुष्य का अनूठापन औदार्य में है; और जो इसे भव्यता प्रदान करता

है वह राजा के रूप में मान्यता पाता है। राजा या नेता ''अवसरों का सर्जक'' है। राजा के अस्तित्व का यह बुनियादी कारण अक्सर विस्मृत कर दिया जाता है।

सांस्कृतिक इतिवृत्तों में, राजा और नेता का अस्तित्व अपनी प्रजा और अपने अनुयायियों के लिए है। अथवा, कमसे कम वैसा होना चाहिए। उन्हें अपनी प्रजा और अनुयायियों की रक्षा और उन्नति के लिए सहायता करनी चाहिए। वे प्रदाता और संरक्षक हैं। जब राजा और नेता अपने बारे में, अपने वैभव और अपने साम्राज्य के बारे में सोचते हैं तब वे अपनी प्रजा और अनुयायियों का इस्तेमाल करना शुरू कर देते हैं। साम्राज्य तब उनके आनंद और अधिकारों के लिए अस्तित्व में होता है। तब राज्य उनके राजा होने के कारण नहीं होता। राजा/नेता तब ''अवसरों के उपभोक्ता'' बन जाते हैं और राज्य का दूसरों के लिए नहीं, अपने लिए उपयोग करते हैं।

सुंदर नामक एक सज्जन के इकाई प्रमुख बनने के पहले बहुत दोस्त थे। जैसे ही वह प्रमुख बना उसका बर्ताव बदल गया- वह अशिष्ट, हानिकर और अतृप्त बन गया। भूमिकाने उसमें यह बदलाव लाया। उसने कारण बताया, जिम्मेदारियों का बोझ होना। तब कम्पनी के मालिक कल्याण सिंहने उससे बात करने का निर्णय किया। ''क्या आप जानते हैं कि आप को ऊँचा वेतन, कार, सचिव, केबिन किस बात के लिए दिया गया है?'' सुंदरने जवाब दिया कि यह उसके काम का मेहनताना है। कल्याण सिंहने फिर पूछा, ''और आपका काम क्या है?'' सुंदरने अपने काम और मुख्य उपलब्धियोंवाले क्षेत्रों का ब्योरा दिया। ''और प्रोन्नति आप कैसे पाना चाहते हैं?'' सुंदरने जवाब दिया, ''यदि वह अपना काम ठीकसे करें और लक्ष्य प्राप्त करें तो वह हो जाएगा।'' ''नहीं,'' कल्याण सिंहने कहा, ''बिल्कुल नहीं।'' सुंदर कुछ समझ नहीं पाया। कल्याण सिंहने स्पष्ट किया, ''यदि आप अपना काम ठीकसे कर रहे हों तो मैं आपको क्यों हटाऊँगा? आपको वहीं रखूँगा जहाँ आप हैं।'' सुंदर के चेहरे पर व्याकुल भाव देखकर कल्याण सिंहने आगे बोलना शुरू किया, ''आपका स्थान लेने के लिए यदि आप किसी को विकसित कर सकें तो मैं आपको प्रोन्नत करने पर विचार कर सकता हूँ। लेकिन आप किसी को विकसित नहीं कर रहे हैं। आप अपने को अधिकारी बनाए रखने, मातहत लोगों को दबाए रखने, अशिष्ट और अतृप्त बने रहने में ही सारा समय गँवाते हैं। इसलिए कि आप असुरक्षित हैं। जब तक आप असुरक्षित हैं तब तक आप दूसरों का विकास नहीं होने देंगे। और, जब तक आपके मातहत लोग विकसित नहीं होते तब तक आपका विकास नहीं होगा। अथवा, कमसे कम आपको मैं और जिम्मेदारी नहीं दूँगा। आप हमेशा वही काम करते रहेंगे। क्या आप ऐसा चाहते हैं?'' वही क्षण था जब सुंदर विक्रमादित्य के सिंहासन का अर्थ समझ पाया।

जैसे ही हम ऊँची सीढ़ी चढ़ते हैं, हम आदर्श के तौर पर सुरक्षित होते हैं और इसलिए अधिक उदार- ''अवसर के सर्जक'' बनते हैं। जब ऐसा नहीं होता तब हम उस झगडालू आतिथ्यहीन किसानों का संगठन बना लेते हैं और वहाँ कोई विशुद्ध राजा नहीं होता।

●●

२३

बाँधने की जिद

राजा अश्वपति की इकलौती संतान सावित्री लकड़हारे सत्यवान के प्रेम में बँध गई और विवाह का आग्रह करने लगी। लेकिन उसके पिता इस विवाह के विरुद्ध थे। कारण भी ठीक था। राजाने कहा, ''वह गरीब है।'' लेकिन प्यार के बंधन में बँधी राजकुमारी को इससे कोई फर्क नहीं पड़ा। पिताने फिर कहा, ''अब उसकी कोई औकात नहीं है; किसी समय उसके पिता राजा थे जिसे राज्यसे भगा दिया गया है।'' इसका भी पुत्री पर कोई असर नहीं पड़ा। ''अबसे एक वर्ष बाद मृत्यु उसके भाग्य में लिखी है।'' ज्योतिषियों की इस जानकारीसे भी सावित्री विचलित नहीं हुई। वह सत्यवान की वधु बनने का दृढ़निश्चय कर चुकी थी। अश्वपति के पास सहमति देने के अलावा कोई

चारा नहीं बचा था। सावित्रीने तत्परतासे सारा राजसुख छोड़ दिया और पति के साथ जंगल की उसकी कुटिया में रहने चली गई। एक साल आनंद में बीता और विधिलिखित के अनुसार सत्यवान की मृत्यु हो गई। सावित्रीने देखा कि उसकी आँखों के सामने ही यमने सत्यवान के प्राण छीन लिए। सावित्रीने अपने भाग्य को स्वीकार कर सत्यवान के पार्थिव का अंत्यसंस्कार करने के बजाय मृत्युदेवता यम के पीछे जाने का निर्णय किया। यह लम्बी यात्रा थी और यम मानता था कि सावित्री बीच में ही लौट जाएगी। लेकिन सावित्रीने ऐसा नहीं किया। घंटों बाद भी सावित्री के चेहरे पर थकान के कोई चिे नहीं थे। वह निरंतर पीछे आ ही रही थी। यमने डपटा, ''मेरे पीछे आना छोड़ो।'' लेकिन सावित्रीने यमदेव की डपट को अनसुना कर दिया। यमने फिर कहा, ''अपने भाग्य को स्वीकार करो। लौट जाओ और अपने पति का अंत्यसंस्कार करो।'' लेकिन सावित्री जंगल में जमीन पर पड़े पति के पार्थिव का अंत्यसंस्कार करने की अपेक्षा यम के हाथ में पति के जो प्राण है उसे वापस लेने के लिए अधिक चिंतित थी। यमने कहा, ''मैं तुम्हें तीन वरदान देता हूँ- अपने पति के जीवन के अलावा कुछ भी माँग लो और लौट जाओ।'' सावित्रीने आदर के साथ सिर झुकाया और पहले वरदान के रूप में अपने ससुर का खोया हुआ राज्य वापस माँगा। दूसरे वरदान के रूप में उसने अपने पिता के लिए पुत्र की माँग की। तीसरे वरदान के रूप में उसने सत्यवान के पुत्र की माँ होने की माँग की। यमने तीनों वरदानों के लिए ''तथास्तु'' कहा और यमलोक की अपनी यात्रा आरंभ की। यम जैसे ही जीवित लोक और यमलोक की सीमा वैतरणी नदी के तट पर पहुँचा उसने पाया कि सावित्री उसके पीछे ही आ रही है। यमने कहा, ''मैंने तुम्हें कहा था कि अपने तीन वरदान ले लो और मेरे पीछे आना छोड़ दो।'' सावित्रीने फिर आदरपूर्वक अपना सिर झुकाया और कहा, ''पहला वरदान सत्य हुआ। मेरे ससुर को उनका खोया हुआ राज्य वापस मिल गया। दूसरा वरदान भी पूरा हुआ। मेरे पिता को पुत्र हुआ है। लेकिन तीसरा वरदान! वह कैसे पूरा होगा? जब मेरे पति जंगल में जमीन पर मृत पड़े हो तब मैं उनके पुत्र की माँ कैसे बन सकती हूँ? मैं यही पूछने आपके पीछे आ रही हूँ।''

यम मुस्कुराए और जाना कि सावित्रीने उन्हें जीत लिया है। सत्यवान को जीवित किए बिना उनका तीसरा वरदान सच नहीं होगा। इस तरह सावित्रीने न केवल अपना भविष्य लिखा, अपितु अपने ससुर और पिता का भविष्य भी सँवार दिया।

यदि सावित्री भारतीय किस्म की आदर्श नारी होती तो वह अपने पिता की इच्छा या भाग्य के आगे झुक जाती। या तो वह सत्यवानसे विवाह नहीं करती या बिना किसी प्रतिकार के वैधव्य स्वीकार कर लेती। कमसे कम हम इसे ही भारतीय पद्धति मानते हैं। लेकिन सावित्रीने सभी चीजों को नकार दियाः उसने पिता की इच्छा या भाग्यरेखा को माननेसे इनकार किया। उसने अपना निर्णय खुद किया और उस पर दृढ़ रही- और अपने चुने मार्ग पर इतनी दृढ़निश्चयी रही कि उसने अपनी इच्छा के विवेकपूर्ण उपयोग, पक्के निश्चय, चतुराई और निस्वार्थ भावसे प्रकृति के नियम को ही बदलने के लिए बाध्य कर दिया।

सावित्री की तरह गिली भी इच्छा के महत्त्व को जानता था। चार साल पहले, वह एक साइकिल मेकैनिक था। आज, उसकी अपनी दुकान है और अतिरिक्त आय के लिए एक चायवाले को किराए पर जगह भी दे दी है। चार साल पहले जब वह दिल्ली आया था तब इसकी कल्पना भी नहीं कर

सकता था; क्योंकि उसके रिश्तेदारों या मित्रोंने उसे कोई पनाह नहीं दी थी। उसकी जेब में मात्र पचास रु. थे और असहाय था, लेकिन संकटों के सामने वह नहीं झुका। उसकी जिद उसकी इच्छासे उपजी थी। वह बड़ा बनना चाहता था– वह जीवन में कुछ पाना चाहता था। उसने जाना कि उसकी इच्छाशक्ति ही उसके काम की जननी है। जब तक इच्छा न हो तब तक कोई काम हो ही नहीं सकता। लेकिन इच्छा ही सबकुछ नहीं है। उसे दृढ़निश्चय में ढालना होता है। चाहे जो स्थिति आए, वह अपने सपनों को मरने नहीं देगा। यम के पीछे पड़ी सावित्री की तरह उसने अपने सपनों का पीछा किया: काम की खोज में एक के बाद एक दुकान में गया। उसने ठुकराए जाने को पराजय नहीं माना। वह काम खोजते रहा और एक काम उसे मिल गया– कोई वेतन नहीं, केवल रहने की जगह और दिन में दो बार का भोजन। वह जानता था यह शोषण है, लेकिन न होनेसे यह अच्छा था। यह शुरुआत थी। इस कामसे गिली को कई अवसर उपलब्ध हुए। और इन अवसरों का उपयोग उसने केवल अपने लिए नहीं किया। सावित्रीने जिस तरह पहले अपने ससुर की सहायता की, बाद में अपने पिता की उसी तरह उसने अपने आसपास के लोगों की सहायता की, जिससे उसे बड़ी सम्पदा मिली और अच्छे दोस्त मिले। इन सभी बातोंसे उसे मदद मिली और वह अपनी मामूली कमाई की बचत करने लगा और अंत में अपनी खुद की साइकिल दुकान बना ली। उसने अपने बेहतर दोस्त को चाय की दुकान खोलने का अवसर दिया और इससे स्वयं भी आत्मनिर्भर हो गया। सावित्रीने जिस तरह सीधे सत्यवान का जीवन नहीं माँगा और परोक्ष रूपसे अपने पति के पुत्र की माँ बनने की माँग की उसी तरह गिलीने भी चतुराई की। वह दुनियादारी जानता था और उसका अपने पक्ष में उपयोग करने में चतुर था। उसने अपने पुराने मालिक के साथ भागीदारी में निशुल्क काम किया ताकि साइकिल दुकान के लिए आरंभिक पूँजी जुटाई जा सकें। जैसे ही धंधा चल निकला उसने इतना पैसा जुटा लिया कि भागीदारी खरीदी जा सकें और दुकान की पूरी मालकियत प्राप्त कर सकें। यह समय की ही बात थी कि गिली बेहतरी प्राप्त करें। उसके पास सावित्री की प्रज्ञा थी। वटसावित्री के त्योहार के दौरान महिलाएँ बरगद के पेड़ को धागे लपेटती हैं। बरगद स्थायित्व की निशानी है। इस निशानी को महिलाएँ ''परम्परागत'' रूपसे धागे बाँध कर अच्छे घर की अपनी ''स्थायी'' इच्छा और दृढ़निश्चय प्रकट करती हैं। ''दूसरोंसे काम करवानेवाले'' नेताओं को अपनी इच्छाओं को स्थायित्व के वृक्ष के साथ बाँधना चाहिए ताकि सावित्री की तरह इच्छा, दृढ़निश्चय, निस्वार्थ और चतुराईसे वे अपने विचारों को आकार दे सकें, फिर चाहे जो हो।

२४

स्थिरता का जहर

पिछले रविवार को शिवकुमार को तबादले के आदेश मिले और वह परेशान हो गया। वषाफ तक वह कम्पनी के प्रति ईमानदार रहा, एक दिन की भी छुट्टी नहीं ली, बुखार के बावजूद दफ्तर जाता रहा। दफ्तर में कभी देरसे नहीं आया, उसने सावधानीसे काम किया, अपना सारा काम किया, दफ्तर में देर तक रुकता रहा, बॉस के जाने के बाद ही दफ्तरसे निकलता रहा, इस बात की सदा आश्वस्ति की कि सभी काम व्यवस्थित हो। अब तक के पूरे जीवन में वह लखनऊ में अपने पैतृक घर में ही रहा। वह कार्यालय में पैदल जाता था और पडोसी भी अच्छे थे। और अब यह? उसके साथ वे ऐसा कैसे कर सकते हैं? उसका इलाहाबाद तबादला कैसे किया गया? हाँ, नये कार्यालय

की स्थापना करना जरूरी है, पर वही क्यों? वे नए कार्यालय की स्थापना के लिए निश्चित रूपसे किसी कनिष्ठ को या किसी अधिक अनुभवी आदमी को भेज सकते थे। उसने अब तक इसलिए प्रोन्नति नहीं ली ताकि यहीं रह सकें। वह इलाहाबाद नहीं जाना चाहता था। लेकिन दिल्लीसे आया यह नया बॉस दुष्ट है। वह कुछ सुनेगा नहीं। कहेगा, ''शिवकुमारजी, आपको इलाहाबाद जाना होगा। कम्पनी आपसे यही चाहती है। मैं भी यही चाहता हूँ। और, यह आपके लिए अच्छा है।'' मेरे लिए अच्छा? उसके लिए कैसा अच्छा? नई जगह जाना, नए पडोसी, नया घर, शाला में प्रवेश की झंझट, फर्नीचर को ले जाने की परेशानी। और, वह जब बाहर होगा तब उसके पैतृक घर की देखभाल कौन करेगा? और उसके माता-पिता? क्या उन्हें भी आना पडेगा? उसकी माँ इसके लिए बिल्कुल तैयार नहीं होगी।

शिवकुमार कुछ समझ नहीं पा रहा है। वह तो कालिया बन गया, जिसने यमुना को जहरीला बना दिया। वृंदावन के पास यमुना नदी में एक कुंड था जिससे ग्वाले और गायें दूर ही रहते थे। उसका पानी जानलेवा था। यही नहीं, घास का एक कतरा भी उसमें गिर जाए तो वह नीलापीला हो जाता था। कालिया नामक विशाल भुजंग के रोज छोड़े जानेवाले विष के कारण पानी इतना जहरीला हो गया था। जब कृष्ण को यह पता चला तब उन्होंने कालिया को सबक सिखाने का निर्णय किया। बालसखा चीखे, ''नहीं'', लेकिन कृष्ण कहाँ माननेवाले थे! उन्होंने साथियों पर हँसते हुए नदी में छलाँग लगा दी और कुंड की ओर जाने लगे। बालमित्र कृष्ण की सलामती की प्रार्थना करते हुए तट पर खड़े रहे। पानी की उथल-पुथलसे क्रोधित कालिया तलहटीसे पानी के ऊपर आया। उसने अपने शरीर को फैला दिया और कृष्ण को अपनी कुंडलियों में दबोच लिया। उसने अपने फन फैला दिए और इस बच्चे को डसने की कोशिश करने लगा, लेकिन कालिया यह देखकर सकते में आ गया कि कृष्ण बहुत फुर्तीला लड़ाकू है, उसकी कुंडलियोंसे आसानीसे निकल जाता है और फनों पर तेज प्रहार कर रहा है। कालिया कुछ कर पाए इसके पहले ही कृष्ण उसके फनों पर चढ़ गए और नर्तन करने लगे। नहीं, यह कोई नृत्य नहीं था, कालिया को झुकाने के लिए उसका मर्दन किया जा रहा था। कृष्णने उसे कहा, ''यहाँसे जाओ, जाओ, जाओ।'' कालिया प्रतिकार कर रहा था। वह छटपटाया, हाथी की सूँड की तरह उसने अपनी पूँछ लहराई, फनों को झटका, फुफकारा, अपनी दंत-शलाकाएँ सज्जित कीं, ऐंठ गया और पलटा, पानीसे ऊपर आया और फिर नीचे चला गया इसलिए कि कृष्ण को ठिकाने लगाया जा सके। लेकिन कृष्णने उसके फनों पर स्थिरतासे पैर जमाए और उसकी पूँछ पकड़ पकड़ ली। कृष्ण कालिया के फनों पर लगातार प्रहार करते रहे और कहते रहे, ''जाओ, जाओ, जाओ।'' कालियाने इनकार किया। कृष्णने मृदु परंतु दृढ़ स्वर में पूछा, ''क्यों?'' ''क्योंकि,'' कालियाने कहा, ''मुझे भय है। इस कुंड के बाहर गरुड़ है। मैं उससे भयभीत हूँ। यदि वह मुझे देख लें तो आकाशसे झपट्टा मारकर नीचे आ जाएगा, अपने नाखूनों में दबोच कर मुझे उठा लेगा और अपना भोजन बना लेगा। इसलिए मैं छिपा रहता हूँ। यहाँ मैं सुरक्षित हूँ।'' कृष्णने कहा, ''जीवन का अर्थ स्थैर्य नहीं है, चलना है। भय के लकवेसे हम पीड़ित न हो। जितने अधिक दिन यहाँ रहोगे उतना अधिक यहाँ का पानी जहरीला होगा। जाओ, डरो मत। विश्वास रखो। तुम जीवित रहोगे। बस चलो। तुम गरुड़से पार पाने का रास्ता खोज लोगे और उसके भयसे मुक्त हो जाओगे। यह निश्चित है। मुझ पर आस्था रखो।''

भुजंग कालिया को चित्रों में फन फैलाए दिखाया गया है। भुजंग तभी फन फैलाता है जब स्थिर हो। जब वह चलता होता है तब फन नहीं फैलाता। इस तरह कालिया का फन फैलाना उसकी स्थिरता का प्रतीक है। जब कालिया वहाँसे हटनेसे इनकार करता है तब वहाँ का पानी विषमय हो जाता है। बदलनेसे इनकार करना, संतुष्ट क्षेत्रसे जानेसे इनकार करना यह भयभीत होने का स्पष्ट लक्षण है; क्योंकि अनजान इलाके का अन्वेषण हमें भयाक्रांत करता है। कालिया गरुड़से भयभीत है। गरुड़ का उसे त्वरित भय है, जो एक काल्पनिक भय है। कालिया की गतिविधियों, कालिया के विकास पाने और कालिया की असुरक्षा पर विजय पाने में गरुड़ बाधा बना हुआ है। कालिया मर्दन वास्तव में दण्डात्मक नहीं, शिक्षात्मक है। कृष्ण कालियासे कहते हैं, ''जाओ, आगे बढ़ो, जीवन का सामना करो, छिपो नहीं। तुम्हें नदी में तैरना है, यही तुम्हारा काम है। जितना छिपे रहोगे उतना अपने आपको और अपने आसपास के लोगों को नुकसान पहुँचाओगे।''

शिवकुमार को लगता है कि दिल्लीसे आया उसका बॉस कालिया है, जिस पर कृष्ण को प्रहार करना चाहिए। लेकिन, शिवकुमार ही वास्तव में कालिया है। उसके बॉसने उसमें छिपी संभावनाओं को- संगठन को ही नहीं, उसे खुद को भी और अधिक देने की उसकी क्षमताओं- को आँका। शिवकुमार इसमें कम पड़ा, अपने आपके प्रति भी कम पड़ा। वह अपने संतोष के दिखावे के पीछे छिप गया। फिर भी वह प्रोन्नति, बेहतर बोनस और प्रोत्साहन राशि पाए अपनी कम्पनी के युवाओंसे मत्सर करता है। अन्य लोगों की सफलता उसे दुखी करती है। वह अपने लिए सफलता चाहता है- लेकिन अपने जीवन में कोई चीज बदलना नहीं चाहता। लोगों के साथ व्यवहार करते समय वह अपनी नित्य परिपाटी, नित्य कार्यशैलीसे कोई समझौता नहीं करना चाहता। वह चाहता है कि चीजें वैसी ही रहे जैसी हैं। दूसरे शहरों में जानेवाले, दूसरा काम करनेवाले मित्रोंसे वह नाराज रहता है। बॉस जब तबादलों को स्वीकार करते हैं, जब पड़ोस में नए घर बनाने के लिए पुराने तोड़ दिए जाते हैं तब वह परेशान हो उठता है। सुननेवालों को वह हमेशा बताता रहता है, ''कितने अच्छे दिन थे वे!''

शिवकुमार के आसपास की दुनिया रोज बदल रही है। लेकिन शिवकुमार परिवर्तन को स्वीकार नहीं कर पा रहा है। उसके समक्ष कुछ नया अनुभव करने का अवसर है- तबादला, नया शहर, नया काम, नए दोस्त, नए अवसर। लेकिन वह भयभीत है। उसके कुंडसे बाहर उसे गरुड़ दिखाई दे रहा है। वह कृष्णसे नाराज है। वह जाना नहीं चाहता। लेकिन, कृष्ण का नर्तन तो नहीं रुकेगा। तबादले का आदेश रद्द नहीं होगा और उसे कहा जाएगा, ''जाओ, जाओ, बस जाओ!''

●●

२५

पौरुषेय की सवारी

प्राचीन भारत में राजा जिस आसन पर बैठते थे उसे ''सिंह-आसन'' कहा जाता था। राजाओं की संरक्षक देवी, दुर्गा, भी सिंह (शेर) की सवारी करती हैं। राजप्रासदों के दरवाजों पर तथा स्तंभों के ऊपरी हिस्सों में सिंहों की आकृतियाँ उकेरी होती हैं। राजशाही और सिंहों के बीच परस्पर सम्बंधों का कारण है। हर कोई जानता है कि सिंह जंगल का राजा है, जिसका कोई प्राकृतिक दुश्मन नहीं है और भोजन शृंखला में वह सबसे वरिष्ठतम शिकारी है। लेकिन राजा ऐसा नहीं हो सकता।

सिंह अजेय पौरुषेय है। वह अन्य सिंहोंसे संघर्ष कर सिंहनियों पर हक जमाने में अपने अहंकार

की प्रतिपूर्ति करता है। यह संघर्ष बहुत तीव्र होता है। हारनेवाले को समागम के लिए कोई सिंहनी नहीं मिलती। इसमें बँटवारा नहीं है। अहंकारी सिंह पूर्ववर्ती सिंहसे हुए शावकों को मार डालता है। इस तरह वह चाहता है कि केवल उसका वंश चले। वह इतना अहंकारी बन जाता है कि खुद शिकार नहीं करता, सिंहनियोंसे करवाता है। जब सिंहनियाँ शिकार लाती हैं तो सबसे पहले उसे रास्ता देती है, पहले खाने देती है और उसके बाद खुद खाती हैं। इस तरह सिंह के अहंकार के कारण सिंहनियों को सब काम करना पड़ता है और सिंह उनकी मेहनत के फल चखता रहता है। वे शिकार करती हैं, वह खाता है। वे उसके शावकों को धारण करती हैं और उनका पालन करती है, लेकिन सिंह तय करता है कि कौन शावक बचे या कौन मरे। वह निरंकुश मालिक है और वे उसकी गुलाम।

कई लोग मानते हैं कि नेतृत्व का अचूक प्रतीक है सिंह। अनुगामियों को सिंहनियों की भाँति होना चाहिए, जो खौफ खाये और अधीनस्थ रहे। नेता जब काम सम्हालता है तब पूर्ववर्ती के सारे पदचिंों को मिटा देता है। नेता काम नहीं करता, न सहायता या मार्गदर्शन करता है। वह केवल आराम फरमाता है और सहयोगियों के परिश्रम के फलों पर दावा रखता है।

यह भिवंडी के एक गोदाम का मामला है जहाँ शेखावत प्रभारी था। वह दिनभर अपने दफ्तर में बैठा करता था और टीमसे काम की अपेक्षा करता था। जब सहयोगी काम नहीं कर पाते तो उनका वेतन काटता था या बोनस देने में विलम्ब करता था। हर कोई शेखावतसे खौफ खाता था। ये भी अफवाहें थीं कि वह सहयोगियों को डराने के लिए मारपीट भी करता था। आलोचना उसे बिल्कुल पसंद नहीं थी। और, यदि कोई उसके बारे में प्रबंधनसे शिकायत करें तो उसकी नौकरी जाने का खतरा होता था या इससे भी आगे कुछ बुरा। फिर भी, मुंबई में बैठा प्रबंधन शेखावत को हाथ नहीं लगाता था। वह उनका लौह पुरुष था। उन्हें लगता था कि गोदाम में काम करनेवाले चिमड़े लोगोंसे वही निपट सकता है। शेखावत के पहले पांडे को वहाँ भेजा गया था। पांडे भद्र पुरुष था। उसने कामगारों को काम के लिए और नीतियों का पालन करने के लिए समझाबुझाकर प्रेरित करने की कोशिश की। लेकिन मजदूर थे कि हठीले थे और मानते नहीं थे। उन्होंने पांडे की सहज उपेक्षा की और जब पांडे कठोर होने लगा तो यूनियन बनाने की धमकी दी। पांडे को हटाना पड़ा। शेखावत को भेजा गया। उसने गोदाम के कामगारों को ठीक करने के लिए कठोर बलप्रयोग किया। वह दिखते ही कामगार थर्रा जाते थे। वह जो कुछ कहता था सिंहनियों की तरह बिना चुचपट करते थे। इससे प्रबंधन खुश था। लेकिन, चिंतित भी था। शेखावत अपनी ताकत जानता था और धीरे-धीरे 'हम करे सो कायदा' बन रहा था। ऐसी अफवाहें थीं कि ट्रकोंसे माल उतारने के लिए वह वेंडरोंसे रिश्वत माँगता था। किसी को पक्का मालूम नहीं था, लेकिन कोई पता लगाने की भी कोशिश नहीं करता था। वे शेखावत के दहाड़से डरते थे।

शेखावत डर पैदा कर नेतृत्व कर रहा था। वह सिंह है। उसके सहयोगी सिंहनियाँ हैं। पांडे के मामले में अनुभव है कि सहयोगी सिंह की भाषा ही समझते हैं। वे सिंहनियाँ बनना चाहते हैं!

भय पैदा कर नेतृत्व करना भले ही प्रबंधन की किताबों का अंग न हो, लेकिन वह अनुभव आधारित और परीक्षित पद्धति है। सामंतवाद निश्चित रूपसे भयसे पोषित नेतृत्व है। आज खुली हिंसा भले ही अवैध और असभ्य मानी जाती हो, लेकिन छद्म-हिंसा आज भी होती है और बहुत लोकप्रिय

है। लोगों को बर्खास्त कर देना अहिंसक रूपसे भयभीत करने का आज भी लोकप्रिय औजार है। जब बाजार में मंदी होती है और रोजगार मिलना दुभर हो जाता है तब इसका इस्तेमाल होता दिखाई देता है। जब प्रबंधक कहता है, ''मेरे रास्ते या फिर राजमार्गसे'' चलो तो इसका माने प्रबंधक में सिंह का विकसित होना है। प्रबंधक अक्सर यह कहते हुए सुनाई देते हैं कि आजकल के युवा लोग डरते नहीं हैं और जब हटाने की धमकी दी जाती है तब खुद चले जाने की बात करते हैं। इस कथन में प्रबंधकों की खुद सिंह बनने की अभिलाषा परिलक्षित होती है।

लेकिन प्राचीन भारत में, राजासे खुद सिंह बनने की नहीं; सिंह की सवारी करने की उम्मीद की जाती थी। उसकी संरक्षक देवी दुर्गा सिंह की सवारी करती है, जिसका माने है कि जंगल के राजा को उसने पालतू बना दिया है। दूसरों को भयभीत कर उन्हें दास बनाने की पशु-इच्छासे उबरने व उसे तिलांजलि देने की मनुष्य में क्षमता के बारे में यह संदेश है। पशुओं को तो भय या बलसे नियंत्रित करना होता है, अथवा ''गाजर या लाठी''से हाँकना होता है, लेकिन राजासे अपनी प्रजा के साथ इस तरह के पशुवत व्यवहार की अपेक्षा नहीं है। सिंहनियों की तरह लोगोंसे बर्ताव करना या सिंह की तरह रहना अमानवीय कार्य है। राजासे अपेक्षा है कि प्रजा को मानवीय बनने में सहायता करें। मनुष्य ही केवल ऐसा प्राणी है जो समान अनुभूति रखता है। राजासे इसलिए अपेक्षा है कि वह अपने लोगों को समान अनुभूति के लिए प्रेरित करें और उनके बीच छिपी संभावनाओं को उजागर करें। सिंह बनना ऐसा नेता बनना है जो डराता है। सिंह-आसन पर बैठना ऐसा नेता बनना है जो लोगों को प्रेरित करता है।

●●

दो भाई

प्रेमचंद

आकृति प्रकाशन

सी-5/एस-2, ईस्ट ज्योति नगर,
दुर्गापुरी चौक, शाहदरा, दिल्ली-93

ISBN : 81-88716-46-4

मूल्य : 30.00

संस्करण : 2012

दो भाई

प्रातःकाल सूर्य की सुहावनी सुनहरी धूप में कलावती दोनों बेटों को जाँघों पर बैठा दूध और रोटी खिलाती। केदार बड़ा था, माधव छोटा। दोनों मुँह में कौर लिये, कई पग उछल-कूद कर फिर जाँघों पर आ बैठते और अपनी तोतली बोली में इस प्रार्थना की रट लगाते थे, जिसमें एक पुराने सहृदय कवि ने किसी जाड़े के सताये हुए बालक के हृदयोद्‌गार को प्रकट किया है—

दैव-दैव घाम करो तुम्हारे बालक को लगता जाड़ा।

माँ उन्हें चुमकार कर बुलाती और बड़े-बड़े कौर खिलाती। उसके हृदय में प्रेम की उमंग थी और नेत्रों में गर्व की झलक। दोनों भाई बड़े हुए। साथ-साथ गले में बाँहें डाले खेलते थे। केदार की बुद्धि चुस्त थी। माधव का शरीर। दोनों में इतना स्नेह था कि साथ-साथ पाठशाला जाते, साथ-साथ खाते और साथ ही साथ रहते थे ! दोनों भाइयों का ब्याह हुआ। केदार की वधू चम्पा अमित-भाषिणी और चंचला थी। माधव की वधू

श्यामा साँवली-सलोनी, रूपराशि की खान थी। बड़ी ही मृदुभाषिणी, बड़ी ही सुशीला और शांतस्वभावा थी।

केदार चम्पा पर मोहे और माधव श्यामा पर रीझे। परंतु कलावती का मन किसी से न मिला। वह दोनों से प्रसन्न और दोनों से अप्रसन्न थी। उसकी शिक्षा-दीक्षा का बहुत अंश इस व्यर्थ के प्रयत्न में व्यय होता था कि चम्पा अपनी कार्यकुशलता का एक भाग श्यामा के शांत स्वभाव से बदल ले।

दोनों भाई संतानवान हुए। हरा-भरा वृक्ष खूब फैला और फलों से लद गया। कुत्सित वृक्ष में केवल एक फल दृष्टिगोचर हुआ, वह भी कुछ पीला-सा, मुरझाया हुआ; किंतु दोनों अप्रसन्न थे। माधव को धन-सम्पत्ति की लालसा थी और केदार को संतान की अभिलाषा।

भाग्य की इस कूटनीति ने शनैः-शनैः द्वेष का रूप धारण किया, जो स्वाभाविक था। श्यामा अपने लड़कों को सँवारने-सुधारने में लगी रहती; उसे सिर उठाने की फुरसत नहीं मिलती थी। बेचारी चम्पा को चूल्हे में जलना और चक्की में पिसना पड़ता। यह अनीति कभी-कभी कटु शब्दों में निकल जाती। श्यामा सुनती, कुढ़ती और चुपचाप सह लेती। परन्तु उसकी यह सहनशीलता चम्पा के क्रोध को शांत करने के बदले और बढ़ाती। यहाँ तक कि प्याला लबालब भर गया। हिरन भागने की राह न पा कर शिकारी की तरफ लपका। चम्पा और श्यामा

समकोण बनानेवाली रेखाओं की भाँति अलग हो गयीं। उस दिन एक ही घर में दो चूल्हे जले, परन्तु भाइयों ने दाने की सूरत न देखी और कलावती सारे दिन रोती रही।

कई वर्ष बीत गये। दोनों भाई जो किसी समय एक ही पालथी पर बैठते थे, एक ही थाली में खाते थे और एक ही छाती से दूध पीते थे, उन्हें अब एक घर में, एक गाँव में रहना कठिन हो गया। परन्तु कुल की साख में बट्टा न लगे, इसलिए ईर्ष्या और द्वेष की धधकी हुई आग को राख के नीचे दबाने की व्यर्थ चेष्टा की जाती थी। उन लोगों में अब भ्रातृ-स्नेह न था। केवल भाई के नाम की लाज थी। माँ भी जीवित थी, पर दोनों बेटों का वैमनस्य देख कर आँसू बहाया करती। हृदय में प्रेम था,

पर नेत्रों में अभिमान न था। कुसुम वही था, परंतु वह छटा न थी।

दोनों भाई जब लड़के थे, तब एक को रोते देख दूसरा भी रोने लगता था, तब वह नादान बेसमझ और भोले थे। आज एक को रोते हुए देख दूसरा हँसता और तालियाँ बजाता। अब वह समझदार और बुद्धिमान हो गये थे।

जब उन्हें अपने-पराये की पहचान न थी, उस समय यदि कोई छेड़ने के लिए एक को अपने साथ ले जाने की धमकी देता, तो दूसरा जमीन पर लोट जाता और उस आदमी का कुर्ता पकड़ लेता। अब यदि एक भाई को मृत्यु भी धमकाती तो दूसरे के नेत्रों में आँसू न आते। अब उन्हें अपने-पराये की पहचान हो गयी थी।

बेचारे माधव की दशा शोचनीय थी। खर्च अधिक था और आमदनी कम। उस पर कुल-मर्यादा का निर्वाह। हृदय चाहे रोये, पर होंठ हँसते रहें। हृदय चाहे मलिन हो, पर कपड़े मैले न हों। चार पुत्र थे, चार पुत्रियाँ और आवश्यक वस्तुएँ मोतियों के मोल। कुछ पाइयों की जमींदारी कहाँ तक सम्हालती। लड़कों का ब्याह अपने वश की बात थी। पर लड़कियों का विवाह कैसे टल सकता। दो पाई जमीन पहली कन्या के विवाह में भेंट हो गयी। उस पर भी बराती बिना भात खाये आँगन से उठ गये। शेष दूसरी कन्या के विवाह में निकल गयी। साल भर बाद तीसरी

लड़की का विवाह हुआ, पेड़-पत्ते भी न बचे। हाँ, अब की डाल भरपूर थी। परन्तु दरिद्रता और धरोहर में वही सम्बन्ध है जो मांस और कुत्ते में।

इस कन्या का अभी गौना न हुआ था कि माधव पर दो साल के बकाया लगान का वारंट आ पहुँचा। कन्या के गहने गिरों (बंदक) रखे गये। गला छूटा। चम्पा इसी समय की ताक में थी। तुरन्त नये नातेदारों को सूचना दी। तुम लोग बेसुध बैठे हो, यहाँ गहनों का सफाया हुआ जाता है। दूसरे दिन एक नाई और दो ब्राह्मण माधव के दरवाजे पर आकर बैठ गये। बेचारे के

गले में फाँसी पड़ गयी। रुपये कहाँ से आवें, न जमीन, न जायदाद, न बाग, न बगीचा। रहा विश्वास, वह कभी का उठ चुका था। अब यदि कोई सम्पत्ति थी, तो केवल वही दो कोठरियाँ, जिसमें उसने अपनी सारी आयु बितायी थी, और उनका कोई ग्राहक न था। विलम्ब से नाक कटी जाती थी। विवश हो कर केदार के पास आया और आँखों में आँसू भरे बोला, भैया इस समय मैं बड़े संकट में हूँ, मेरी सहायता करो।

केदार ने उत्तर दिया—मद्धू ! आजकल मैं भी तंग हो रहा हूँ, तुमसे सच कहता हूँ।

चम्पा अधिकारपूर्ण स्वर से बोली—अरे, तो क्या इनके लिए भी तंग हो रहे हैं ! अलग भोजन करने से क्या इज्जत अलग हो

जायेगी !

केदार ने स्त्री की ओर कनखियों से ताक कर कहा—नहीं-नहीं, मेरा यह प्रयोजन नहीं था। हाथ तंग है तो क्या, कोई न कोई प्रबन्ध किया ही जायेगा।

चम्पा ने माधव से पूछा—पाँच बीस से कुछ ऊपर ही पर गहने रखे थे न ।

माधव ने उत्तर दिया—हाँ, ब्याज सहित कोई सवा सौ रुपये होते हैं।

केदार रामायण पढ़ रहे थे। फिर पढ़ने में लग गये। चम्पा ने

तत्त्व की बातचीत शुरू की– रुपया बहुत है, हमारे पास होता तो कोई बात न थी परन्तु हमें भी दूसरे से दिलाना पड़ेगा और महाजन बिना कुछ लिखाये-पढ़ाये रुपया देते नहीं।

माधव ने सोचा, यदि मेरे पास कुछ लिखाने-पढ़ाने को होता, तो क्या और महाजन मर गये थे, तुम्हारे दरवाजे आता क्यों ? बोला—लिखने-पढ़ने को मेरे पास है ही क्या ? जो कुछ जगह-जायदाद है, वह यही घर है।

केदार और चम्पा ने एक दूसरे को मर्मभेदी नयनों से देखा और मन ही मन कहा—क्या आज सचमुच जीवन की प्यारी अभिलाषाएँ पूरी होंगी। परन्तु हृदय की यह उमंग मुँह तक आते-आते गम्भीर रूप धारण कर गयी। चम्पा बड़ी गम्भीरता से बोली—घर पर तो कोई महाजन कदाचित् ही रुपया दे। शहर हो तो कुछ किराया ही आवे, पर गँवई में तो कोई सेंत में रहने वाला भी नहीं। फिर साझे की चीज ठहरी।

केदार डरे कि कहीं चम्पा की कठोरता से खेल बिगड़ न जाय। बोले—एक महाजन से मेरी जान-पहचान है। वह कदाचित् कहने-सुनने में आ जाय !

चम्पा ने गर्दन हिला कर इस युक्ति की सराहना की और बोली—पर दो-तीन बीस से अधिक मिलना कठिन है।

केदार ने जान पर खेल कर कहा—अरे, बहुत दबाने पर चार बीस हो जायेंगे। और क्या !

अबकी चम्पा ने तीव्र दृष्टि से केदार को देखा और अनमनी-सी होकर बोली—महाजन ऐसे अंधे नहीं होते।

माधव अपने भाई-भावज के इस गुप्त रहस्य को कुछ-कुछ समझता था। वह चकित था कि इन्हें इतनी बुद्धि कहाँ से मिल गयी। बोला—और रुपये कहाँ से आवेंगे।

चम्पा चिढ़ कर बोली—और रुपयों के लिए और फिक्र करो। सवा सौ रुपये इन दो कोठरियों के इस जनम में कोई न देगा, चार बीस चाहो तो एक महाजन से दिला दूँ, लिखा-पढ़ी कर लो।

माधव इन रहस्यमय बातों से सशंक हो गया। उसे भय हुआ कि यह लोग मेरे साथ कोई गहरी चाल चल रहे हैं। दृढ़ता के साथ अड़ कर बोला—और कौन सी फिक्र करूँ ? गहने होते तो कहता, लाओ रख दूँ। यहाँ तो कच्चा सूत भी नहीं है। जब बदनाम हुए तो क्या दस के लिए क्या पचास के लिए, दोनों एक ही बात है। यदि घर बेच कर मेरा नाम रह जाय, तो यहाँ तक तो स्वीकार है; परंतु घर भी बेचूँ और उस पर भी प्रतिष्ठा धूल में मिले, ऐसा मैं न करूँगा। केवल नाम का ध्यान है, नहीं एक बार नहीं कर जाऊँ तो मेरा कोई क्या करेगा। और सच पूछो तो मुझे अपने नाम की कोई चिंता नहीं है। मुझे कौन जानता है ? संसार तो भैया को हँसेगा।

केदार का मुँह सूख गया। चम्पा भी चकरा गयी। वह बड़ी

चतुर वाक्‌निपुण रमणी थी। उसे माधव जैसे गँवार से ऐसी दृढ़ता की आशा न थी। उसकी ओर आदर से देख कर बोली—लालू, कभी-कभी तुम भी लड़कों की-सी बातें करते हो ? भला इस झोंपड़ी पर कौन सौ रुपये निकाल कर देगा ? तुम सवा सौ के बदले सौ ही दिलाओ, मैं आज ही अपना हिस्सा बेचती हूँ। उतना ही मेरा भी तो है ? घर पर तो तुमको वही चार बीस मिलेंगे। हाँ, और रुपयों का प्रबंध हम-आप कर देंगे। इज्जत हमारी-तुम्हारी एक ही है, वह न जाने पायेगी। वह रुपया अलग खाते में चढ़ा लिया जायेगा।

माधव की इच्छाएँ पूरी हुईं। उसने मैदान मार लिया। सोचने लगा, मुझे तो रुपयों से काम है। चाहे एक नहीं, दस खाते में चढ़ा लो। रहा मकान, वह जीते जी नहीं छोड़ने का। प्रसन्न हो

कर चला। उसके जाने के बाद केदार और चम्पा ने कपट-भेष त्याग दिया और बड़ी देर तक एक दूसरे को इस कड़े सौदे का दोषी सिद्ध करने की चेष्टा करते रहे। अंत में मन को इस तरह संतोष दिया की भोजन बहुत मधुर नहीं, किंतु भर-कठौत तो है। घर, हाँ देखेंगे कि श्यामा रानी इस घर में कैसे राज करती हैं।

केदार के दरवाज़े पर दो बैल खड़े हैं। इनमें कितनी संघ-शक्ति, कितनी मित्रता और कितना प्रेम है। दोनों एक ही जुए में चलते हैं, बस इनमें इतना ही नाता है। किंतु अभी कुछ दिन हुए, जब इनमें से एक चम्पा के मैके मँगनी गया था, तो दूसरे ने तीन दिन तक नाद में मुँह नहीं डाला। परंतु शोक, एक गोद के खेले भाई, एक छाती से दूध पीनेवाले आज इतने बेगाने हो रहे हैं कि एक घर में रहना भी नहीं चाहते।

प्रातःकाल था। केदार के द्वार पर गाँव के मुखिया और नंबरदार विराजमान थे। मुंशी दातादयाल अभिमान से चारपाई पर बैठे रेहन का मसविदा तैयार करने में लगे थे। बार-बार कलम बनाते और बार-बार खत रखते, पर खत की शान न सुधरती थी। केदार का मुखारविंद विकसित था और चम्पा फूली नहीं समाती थी। माधव कुम्हलाया और म्लान था।

मुखिया ने कहा—भाई ऐसा हित, न भाई ऐसा शत्रु। केदार ने छोटे भाई की लाज रख ली।

नम्बरदार ने अनुमोदन किया—भाई हो तो ऐसा हो।

मुख्तार ने कहा—भाई, सपूतों का यही काम हैं।

दातादयाल ने पूछा—रेहन लिखनेवाले का नाम ?

बड़े भाई बोले—माधव वल्द शिवदत्त।

'और लिखानेवाले का ?'

'केदार वल्द शिवदत्त।'

माधव ने बड़े भाई की ओर चकित हो कर देखा। आँखें डबडबा आयीं। केदार उसकी ओर देख न सका। नंबरदार, मुखिया और मुख्तार भी विस्मित हुए। क्या केदार खुद ही रुपया दे रहा है ? बातचीत तो किसी साहूकार की थी। जब घर ही में रुपया मौजूद है तो इस रेहननामे की आवश्यकता ही क्या थी ? भाई-भाई में इतना अविश्वास । अरे, राम ! राम ! क्या माधव 80 रु. का भी महँगा है। और यदि दबा ही बैठता, तो क्या रुपये पानी में चले जाते।

सभी की आँखें सैन द्वारा परस्पर बातें करने लगीं, मानो आश्चर्य की अथाह नदी में नौकाएँ डगमगाने लगीं।

श्यामा दरवाजे की चौखट पर खड़ी थी। वह सदा केदार की प्रतिष्ठा करती थी, परंतु आज केवल लोकरीति ने उसे अपने जेठ को आड़े हाथों लेने से रोका।

बूढ़ी अम्माँ ने सुना तो सूखी नदी उमड़ आयी। उसने एक बार आकाश की ओर देखा और माथा ठोंक लिया।

अब उसे उस दिन का स्मरण हो आया जब ऐसा ही सुहावना सुनहरा प्रभात था और दो प्यारे-प्यारे बच्चे उसकी गोद में बैठे हुए उछल-कूद कर दूध-रोटी खाते थे। उस समय माता के नेत्रों में कितना अभिमान था, हृदय में कितनी उमंग और कितना उत्साह।

परन्तु आज, आह ! आज नयनों में लज्जा है और हृदय में शोक-संताप। उसने पृथ्वी की ओर देख कर कातर स्वर में कहा—हे नारायण ! क्या ऐसे पुत्रों को मेरी ही कोख में जन्म लेना था ?

❑❑❑